Northwest Vista College
Learning Resource Center
3535 North Ellison Drive
San Antonio, Texas 78251

D1708552

El ambiente de la lectura

~

ESPACIOS PARA LA LECTURA

Primera edición en inglés, 1991
Primera edición en español, 2007

Chambers, Aidan
    El ambiente de la lectura / Aidan Chambers; tr. Ana Tamarit
Amieva. — México : FCE, 2007
    132 p. ; 21 × 14 cm — (Colec. Espacios para la Lectura)
    Título original The Reading Environment: How Adults Help
Children Enjoy Books
    ISBN 978-968-16-8455-6

    1. Lectura — Fomento I. Tamarit Amieva, Ana, tr. II. Ser. III. t.

LC Z1037   Dewey 028. 5 Ch3271

Distribución mundial

Comentarios y sugerencias:
librosparaninos@fondodeculturaeconomica.com
www.fondodeculturaeconomica.com
Tel. (55)5449-1871 Fax (55)5449-1873

Empresa certificada ISO 9001:2000

Proyecto editorial: Daniel Goldin
Coordinación editorial: Miriam Martínez
Traducción: Ana Tamarit Amieva

Viñeta de portada: Joep Bertrams, tomada de *The Reading Environment*,
de Aidan Chambers, Thimble Press, 1991.

Título original: *The Reading Environment:
How Adults Help Children Enjoy Books*
© 1991, Aidan Chambers

D. R. © 2007, FONDO DE CULTURA ECONÓMICA
Carretera Picacho Ajusco, 227; 14738 México, D. F.

ISBN 978-968-16-8455-6

Impreso en México • *Printed in Mexico*

El ambiente de la lectura

~

Aidan Chambers

Traducción de
Ana Tamarit Amieva

FONDO DE CULTURA
ECONÓMICA

~

Como fuente primaria de información, instrumento básico de comunicación y herramienta indispensable para participar socialmente o construir subjetividades, la palabra escrita ocupa un papel central en el mundo contemporáneo. Sin embargo, la reflexión sobre la lectura y escritura generalmente está reservada al ámbito de la didáctica o de la investigación universitaria.

La colección Espacios para la Lectura quiere tender un puente entre el campo pedagógico y la investigación multidisciplinaria actual en materia de cultura escrita, para que maestros y otros profesionales dedicados a la formación de lectores perciban las imbricaciones de su tarea en el tejido social y, simultáneamente, para que los investigadores se acerquen a campos relacionados con el suyo desde otra perspectiva.

Pero —en congruencia con el planteamiento de la centralidad que ocupa la palabra escrita en nuestra cultura— también pretende abrir un espacio en donde el público en general pueda acercarse a las cuestiones relacionadas con la lectura, la escritura y la formación de usuarios activos de la lengua escrita.

Espacios para la Lectura es pues un lugar de confluencia —de distintos intereses y perspectivas— y un espacio para hacer públicas realidades que no deben permanecer sólo en el interés de unos cuantos. Es, también, una apuesta abierta en favor de la palabra.

ÍNDICE

Agradecimientos

Usé por primera vez la frase "el ambiente de la lectura" en mi libro *Introducing Books to Children*. Los primeros borradores del presente texto fueron leídos por mis colegas maestros: Irene Suter, Steve Bicknell y Gordon Dennis, cuya colaboración y estímulo les agradezco mucho. También estoy en deuda con los maestros que me permitieron citar sus experiencias y con Margaret Clark por sus comentarios.

AIDAN CHAMBERS

Introducción

La lectura siempre tiene que ocurrir en algún lado.

Y todo lector sabe que *en dónde* leemos afecta el *cómo* leemos: con qué placer, disposición y concentración. Leer en la cama, sintiéndose cómodo y relajado es diferente a leer en una fría estación de ferrocarril esperando el tren, o bajo el sol en una playa saturada de gente, o en una biblioteca llena de otros lectores, o solo, en el sillón favorito a las diez de la mañana.

Pero no es sólo una cuestión de lugar, de circunstancia. También es una cuestión de tener los libros que queremos, de qué humor estamos, con cuánto tiempo contamos y si somos o no interrumpidos. Por no mencionar nuestra actitud general hacia la lectura (si es algo que en sí disfrutamos o no) y por qué estamos leyendo en ese momento en particular (por obligación o por placer).

Éstas son algunas de las cosas que nos influyen. Todas juntas forman el contexto social de la lectura. Tomadas en conjunto constituyen lo que yo llamo el "ambiente de la lectura". Este breve libro describe sus principales características, analizándolas una por una; aunque de hecho son inseparables e interactúan entre sí.

Si queremos ayudar a otras personas, en especial a los niños, a que se vuelvan lectores ávidos y, lo más importante, reflexivos, necesitamos saber cómo crear un ambiente de lectura favorable. De eso se ocupa este libro, que está dirigido a personas que trabajan con los niños y la lectura: maestros, bibliotecarios, padres; aquellos que quieren actualizar y revisar su práctica, y aquellos que recién están empezando y se enfrentan por primera vez a las dificultades de esta labor.

Voy a comenzar con lo que algunas personas llaman "el proceso de lectura", con el fin de identificar las actividades esenciales que involucra. No lo que sucede dentro de nuestras cabezas —territorio de los expertos en lectura— sino lo que los lectores deben hacer para que la "lectura" sea posible.

1. El círculo de lectura

Cada vez que leemos realizamos una serie de actividades.

Una actividad lleva a la otra. No en una cadena de reacción lineal, comenzando en el punto A y continuando hasta el distante punto Z, sino más bien como un círculo en el cual la secuencia retorna nuevamente al inicio, de modo que el comienzo siempre es el final y el final es el inicio.

Un diagrama del círculo de la lectura sería así:

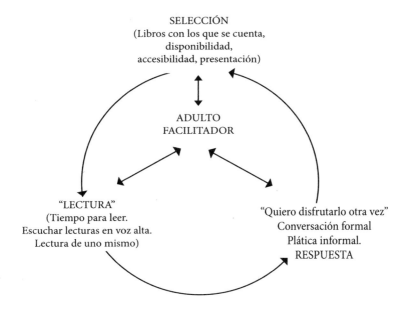

SELECCIÓN

Toda lectura comienza con una selección. Cada vez que leemos elegimos entre todo el material impreso que tenemos disponible: libros, revistas, periódicos, documentos de trabajo, formas de gobierno, correo basura, propaganda, folletos de vacaciones; una multitud de posibilidades. Esto ocurre incluso cuando estamos caminando por las calles, que están llenas de "información ambiental": señales viales, afiches, anuncios, graffiti. De todo este desorden de letras escogemos lo que queremos. Si estamos buscando un camino, por ejemplo, estaremos principalmente interesados en las señales que nos dicen por dónde ir.

Cuando escogemos libros, nos vemos afectados por todo tipo de influencias. Analizaré algunas de ellas, sobre todo las que se relacionan con la lectura de literatura, en capítulos posteriores. Lo que se debe decir aquí es que la selección depende de la disponibilidad. Si sólo hay unos pocos libros, las posibilidades de encontrar el que queramos es más pequeña que si hubiera muchos. Incluso así, si esos muchos son de un solo tipo —únicamente novelas de misterio o, digamos, novelas sobre Argentina— y de un tipo que no nos gusta, hay aún menos probabilidades de que escojamos un libro. De modo que los libros tienen que estar disponibles si vamos a leer, y la dotación de libros debe incluir los del tipo que nos gusta.

Además, los libros deben ser accesibles.

Por ejemplo: cuando tenía nueve años, mi aula en la escuela tenía cerca de 50 libros de relatos. Estaban guardados bajo llave y el aparador sólo se abría durante unos pocos minutos cada viernes en la tarde, cuando nos decían que escogiéramos un libro para llevarlo a casa durante el fin de semana. El lunes en la mañana regresábamos el libro y el aparador se volvía a cerrar hasta el siguiente viernes. Toda la semana los libros estaban disponibles, pero no teníamos acceso a ellos hasta que la maestra abría el aparador y nos permitía tomar uno.

Esto puede parecer una distinción demasiado escrupulosa pero, de hecho, es muy importante. Sé de una escuela con una biblioteca visualmente muy atractiva y muy bien surtida, pero el director procura que los niños no la usen porque pueden ensuciar los libros. La biblioteca en realidad no es para ellos; está ahí para impresionar a las visitas. Los libros están disponibles, pero ciertamente no son accesibles. Alguna vez presencié una clase en donde había un montón de libros apropiadamente exhibidos, pero los niños sólo tenían permitido verlos cuando habían hecho bien una tarea. En ese caso, el acceso era una recompensa que se usaba para confirmar el éxito de algunos niños y el fracaso de otros. Nada más alejado del estímulo a la lectura.

Sin embargo, la selección no sólo depende de que podamos tomar los libros. *Cómo* se nos presentan también nos afecta. Podemos sentirnos repelidos o atraídos por la forma en que se exhiben o arrinconan; éste es un tema que voy a tratar en el capítulo 4, "Exhibición". Todo lo que quiero decir aquí es esto: algo que saben los buenos lectores es cómo buscar lo que quieren leer. Ellos saben cómo investigar y cómo obtener información sobre los libros que no encuentran. Saben cómo valerse de una provisión de libros, ya se trate de una biblioteca pública grande o pequeña, una librería, la biblioteca de aula o simplemente el librero del mejor amigo.

Como todo lo relacionado con la lectura, la mejor manera de aprender cómo seleccionar con certeza es hacerlo nosotros mismos, teniendo cerca a un lector confiable que nos muestre cómo se hace y nos ayude cuando lo necesitemos.

La "lectura"

No tiene caso gastar tiempo en seleccionar algo para leer si nunca "leemos" lo que hemos seleccionado.

He puesto la palabra "lectura" entre comillas para enfatizar el hecho de que leer no sólo significa pasar nuestros ojos por las palabras impresas para descifrarlas. Como nos recuerda el círculo de lectura, el proceso de lectura comprende una serie de actividades de las cuales extraer las palabras de la página es sólo una. El problema es que el español no tiene más que una palabra: *leer*, para designar el tiempo que pasamos viendo palabras en una página. Y esto tiene un desafortunado resultado. Con frecuencia lleva a los aprendices de lectores a pensar que no han tenido éxito hasta que pudieron descifrar todas las palabras impresas en el libro. Mientras que, desde luego, el éxito llega desde el momento en que escogen un libro y le prestan atención. Un niño en edad preescolar que todavía no puede "leer", pero que mira *¿Dónde está Spot?*, de Eric Hill, y empieza a descubrir qué lado va para arriba, cómo voltear las páginas y qué hacer con las solapas, y disfruta tanto de todo esto que encuentra a alguien que le pueda leer las palabras en voz alta mientras mira los dibujos, está teniendo tanto éxito en ese momento en su vida como lector como lo tiene un crítico académico ocupado resolviendo rompecabezas verbales en el *Ulises* de James Joyce.

Podemos ayudar mejor a los aprendices de lectores cuando confirmamos su éxito a medida que se mueven alrededor del círculo de lectura. Ir a ver una colección de libros es un éxito. Escoger un libro es un éxito. Decidir si se le pone más atención o se lo rechaza a favor de otro es un éxito. Sentarse a "leer" es un éxito. Y así.

Otra cuestión muy importante sobre la lectura es que toma tiempo. Leemos algunos mensajes tan rápidamente que apenas somos conscientes de hacerlo. Cierto tipo de textos, como las notas en un periódico sensacionalista, se pueden leer muy rápido mientras estamos haciendo otra cosa y hablando al mismo tiempo. Pero algunos libros, especialmente las obras de literatura, pueden no sólo tomar mucho tiempo, sino también demandar una atención muy concentrada.

El placer en un libro de literatura proviene de descubrir patrones de sucesos, personajes, ideas, imágenes y de lenguaje intercalados en el texto. Los libros para niños muy pequeños están diseñados con imágenes y palabras que permiten que se dé este descubrimiento en una lectura de pocos minutos de duración, pues para ellos mantener la concentración durante unos minutos es muy difícil. Una vez que han disfrutado de la experiencia varias veces, gradualmente van aprendiendo cuánto tiempo y esfuerzo deben invertir para poder recibir a cambio el placer que hace que leer valga la pena. Margaret Meek nos ha mostrado "cómo los textos enseñan lo que los lectores aprenden".[1] Aquí, lo importante es cómo pueden los adultos ayudar a quienes aprenden a leer, a concentrarse en los textos que más les pueden enseñar.

Este proceso de construcción de experiencias placenteras y de extender el tiempo de concentración depende de una práctica regular con los libros, que compensa el esfuerzo. Dar tiempo para la lectura y ayudar a quienes aprenden a leer a poner atención en los libros valiosos por periodos de tiempo cada vez más largos es una parte importante del trabajo de facilitación del adulto.

Además de demandar tiempo, la "lectura" se realiza mejor en un lugar en donde el entorno propicia la concentración. Por ejemplo, hay cierto tipo de actividades que si se realizan a nuestro alrededor pueden distraer; por lo general, es

---

[1] Margaret Meek, *How Texts Teach What Readers Learn,* Thimble Press, Gran Bretaña, 1988.

difícil leer cuando hay una televisión cerca. Tal vez podemos acomodarnos mejor en casa; pero en la escuela o en el jardín de niños o en la biblioteca o en cualquier otro espacio común donde muchas personas diferentes realizan diversas actividades, es necesario ser muy cuidadosos, de modo que los niños puedan tener tiempos regulares de lectura y se proteja su concentración. Analizo este tema en detalle en el capítulo 7, "El tiempo de lectura".

La respuesta

No podemos evitar experimentar algún tipo de respuesta cada vez que leemos algo. La lectura de literatura afecta a las personas de muchas maneras. En la conversación cotidiana, estas reacciones se describen como placer, aburrimiento, excitación, interés, disfrute —incluso usando, como el crítico francés Roland Barthes, la palabra parcialmente sexual *jouissance* (regocijo, dicha, éxtasis) para el mayor placer de todos los que brinda la lectura—.

Dos respuestas se deben tomar en cuenta para ayudar a los niños a que se conviertan en lectores más reflexivos.

La primera es que cuando disfrutamos un libro, queremos experimentar otra vez el mismo placer. Esto se puede expresar como el deseo de volver a leer el mismo libro o leer otros del mismo autor o más libros del mismo tipo o simplemente leer por la actividad en sí. Entonces nos sentimos movidos a realizar otra selección y volvemos al inicio del círculo de lectura.

La segunda respuesta es que cuando hemos disfrutado intensamente un libro, no podemos evitar hablarle a alguien más de él. Queremos que otras personas, especialmente nuestros amigos, también experimenten esto. Queremos explorar lo que nos ha sucedido y descubrir qué significó el libro y por qué es importante para nosotros.

La conversación literaria puede tomar dos formas. Una es la plática informal, el tipo de charla que se da entre amigos. La otra es más formal, más meditada, es el tipo de discusión que sucede en salones de clase o seminarios. Ambos tipos de conversación tienden a llevarnos de regreso al círculo de lectura: queremos leer lo que nuestros amigos han disfrutado y queremos releer los libros que nos interesaron seriamente. Ambos tipos de lectura pueden tener otro efecto: pueden ayudar a convertir el círculo de lectura en una espiral.

Antes mencioné que mi interés principal es ayudar a las personas a convertirse en lectores reflexivos. Es muy fácil encontrar lectores ávidos que frecuentemente escogen libros, leen todos los días e incluso hablan de cuánto les gusta leer. Pero su principal gozo parece provenir del hecho de que la lectura, para ellos, es una manera placentera de pasar el tiempo. Podrían igual hacer cualquier otra cosa. Lo que definitivamente no quieren es verse perturbados por lo que leen, o desafiados u obligados a "sentarse a pensar". Con frecuencia se trata de personas que sólo leen por la noche en la cama para dormir.

Debo confesar que no estoy demasiado interesado en la lectura como soporífero o pasatiempo. Los niños harán esto de todas maneras. La lectura, para mí, es un medio para pensar. Una manera de decirlo es que la literatura nos da imágenes con las que pensar. O para usar la palabra de David Krech, la literatura nos da imágenes para *perfink* (percibir, sentir, pensar; por las palabras en inglés: *perceive, feel, think*). C. S. Lewis lo expresa de otra manera. Cuando leemos literatura, dice, nos volvemos mil personas diferentes y aun así seguimos siendo nosotros mismos. Richard Hoggart escribió que él valoraba la literatura "por el modo —el modo particular—

en que explora, recrea y busca significados en la experiencia humana; porque explora la diversidad, la complejidad y lo extraño de esa experiencia".[2] En la literatura, agrega, vemos la vida "con toda la vulnerabilidad, honestidad y penetración" de la que somos capaces. Al menos si leemos reflexivamente.

Entonces, ¿cómo volverse un lector reflexivo? ¿Cómo pasar de ser consumidor del pasatiempo impreso a ser un lector atento de literatura?

Mi experiencia como lector y como maestro me dice que una de las respuestas yace en el tipo de conversación que tienen las personas sobre sus lecturas. Algunos tipos de conversación tienen el efecto de hacernos más conscientes de lo que nos está sucediendo, porque nos hacen pensar más cuidadosamente, más profundamente en lo que hemos leído. Y esto a su vez nos hace más discriminatorios en nuestra selección.

De modo que ya hemos superado un límite, la visión plana de la lectura, en la cual sólo leíamos el tipo de libro que nos es familiar, y descubrimos que el mundo de la lectura no es plano en absoluto sino redondo, con muchos otros continentes interesantes en él. Aún más, que podemos abandonar el mundo, que en sí es pequeño, y salir, subiendo en espiral a una galaxia de otros mundos hasta deambular por todo el universo de la literatura, deteniéndonos en donde queramos y explorando cualquier planeta extraño que se nos antoje.

Pero sólo aprenderemos cómo liberarnos, sólo aprenderemos cómo navegar alrededor del círculo de lectura, si tenemos la ayuda de alguien que ya sabe cómo hacerlo.

---

[2] David Krech, citado en *Realidad mental y mundos posibles*, de Jerome Bruner; C. S. Lewis, *An Experiment on Criticism*, Cambridge University Press, 1961; Richard Hoggart, "Why I Value Literature", en *About Literature*, vol. 2 de *Speaking to Each Other*, Chatto & Windus, 1970.

Todos los obstáculos en el camino de quien aprende a leer se pueden superar si se cuenta con la ayuda y el ejemplo de un lector adulto experimentado y de confianza. Cualquier lector comprometido que provenga de un ambiente de no lectura, privado de libros, lo sabe. Por esta razón he puesto al adulto en el centro del círculo de lectura. En efecto, todos los lectores aprendices se ayudan unos a otros (tema que se discute en el capítulo 13, "Amigos y pares"); las flechas con dos direcciones en el diagrama del círculo de lectura están ahí para recordarnos que el facilitador también aprende de aquellos a quienes ayuda. Aun así, no obstante lo útiles que puedan ser unos aprendices para otros, al final dependen del adulto facilitador, porque hay algunas cosas en cada oficio y en cada arte —leer es tanto un oficio como un arte— que sólo se pueden obtener a través de la experiencia y sólo las pueden transmitir aquellos que las han aprendido por experiencia.

Si todo esto tiene sentido, si estas ideas se ajustan a su experiencia como lector, es hora de examinar más de cerca cómo se crea el ambiente más propicio para ayudar a los lectores a viajar por el círculo de lectura.

∼

2. La disposición y la circunstancia

Toda actividad humana está influida por dos elementos que determinan si es placentera o no, se trate de una actividad pública o privada, gregaria o solitaria, formal o informal. Tomando prestados términos de los psicólogos, he llamado a estos elementos "disposición" y "circunstancia".

Por la "disposición" me refiero a la mezcla de actitudes mentales y emocionales que están involucradas en todo lo que hacemos. Nuestras expectativas, experiencia previa y conocimiento, nuestro estado de ánimo actual, nuestra relación con los otros participantes, incluso la hora del día y el clima; todos estos factores condicionan la manera en que nos comportamos mientras estamos haciendo algo.

Por "circunstancia" quiero decir el entorno físico y su pertinencia para la actividad que nos ocupa.

Entonces, un día de campo puede ser un desastre si un miembro del grupo —sobre todo si tiene influencia en él— opone resistencia: quizá está de mal humor porque está allí contra su voluntad o porque, en general, odia los días de campo. Y no importa lo determinados que estén todos a pasarla bien, difícilmente podrán más que poner su mejor cara si el día de campo, por alguna extraña situación, se realiza al lado de un apestoso basurero, bajo una lluvia torrencial: la circunstancia es desfavorable.

Por otro lado, las personas que son apasionadamente devotas de un pasatiempo o un deporte van a soportar sin queja condiciones que serían insoportables para alguien menos fanático. Así, podemos ver a entusiastas escaladores soportar con alegría —de hecho parecen disfrutarlas— condiciones extraordinariamente duras en las montañas heladas, o a empeñosos navegantes que viajan solos alrededor del mundo, o a aficionados de la pesca que cada fin de semana se sientan pacientemente a la orilla de los ríos, impertérritos ante la inclemencia del clima o lo magro de su botín.

La disposición, al parecer, es una influencia más poderosa que la circunstancia. Pero ambas juegan un papel en la formación de nuestra actitud hacia lo que estamos haciendo y se modifican mutuamente al condicionar nuestro comportamiento.

En este sentido, leer no es diferente a cualquier otra actividad. Si leemos con ganas, esperando obtener placer, es muy probable que lo disfrutemos. Si estamos obligados a leer porque es una tarea, esperando no gozarlo, es muy probable que nos parezca una empresa aburrida. En un lugar cómodo, a veces podemos leer felices por un largo rato. Pero si no nos sentimos cómodos y nos están distrayendo constantemente, es probable que hasta el más determinado de los lectores renuncie muy pronto.

Por ello debemos recordar que la disposición tanto del maestro como de los alumnos hacia la lectura va a tener una gran influencia en el resultado. Y debido a que la circunstancia puede cambiar la disposición, inclinándolo a favor o en contra de una actividad, es importante considerar cómo cada característica del ambiente de la lectura puede afectar la disposición de las personas a las que pretende apoyar.

～

3. Existencias de libros

Antes de que se realice la selección, los libros deben estar *disponibles*, deben estar a la mano; y también deben ser *accesibles*, deben ser fáciles de obtener cuando los queramos.

¿Cómo hacemos esto posible para los niños?

Nadie, ninguna comunidad, tiene suficientes libros. Y es muy probable que los libros que sí tenemos, en especial aquellos que pertenecen a las escuelas, vayan a dar a lugares en donde quedan olvidados. Incluso en una casa como la mía, que es pequeña y alberga sólo a dos personas, me sorprende a veces encontrar en el desván libros de los que me había olvidado.

Además, la gente tiende a ser posesiva con los libros, lo que está bien cuando le pertenecen; pero a veces, libros que pertenecen a una comunidad son tan codiciados por un grupo que se vuelven inaccesibles para el resto. En nuestras escuelas y bibliotecas, siempre escasas de fondos, debemos aspirar a la máxima disponibilidad de cada ejemplar. Idealmente, cada uno debería tener la posibilidad de saber, en cualquier momento, dónde está cierto libro, y la de obtener los que quiere cuando los necesita. Una buena cantidad de experiencia práctica sugiere que la mejor manera de lograr esto es siguiendo la organización básica que se expone a continuación.

Todos los libros literarios e informativos de una escuela se controlan desde un depósito central: la biblioteca de la escuela o la bodega de materiales escolares. No le "pertenecen" a ningún maestro, aula o área de trabajo. Están catalogados por título, autor y tema, de preferencia en formatos electrónicos o en un índice de tarjetas claro y fácil de entender.

Para conocer el sistema que mejor se ajusta a las necesidades de cada escuela, lo mejor es consultar a bibliotecarios especializados en servicios escolares. Ellos también son útiles de otras tres formas:

1. Evaluando si las existencias de libros están bien equilibradas por clases: álbumes ilustrados, relatos ilustrados, cuentos tradicionales, novelas, poesía, cuento y las diversas categorías de libros informativos; así como materiales de audio y audiovisuales.

2. Ofreciendo en préstamo paquetes de libros que se ajusten a las necesidades inmediatas de una escuela y que complementen sus existencias. De esta manera los niños y el personal pueden conocer estos libros antes de tomar la decisión de comprar ejemplares para la biblioteca.

3. Dando charlas y lecturas a grupos de niños e invitando a otros visitantes —como autores e ilustradores— a la escuela, para que animen a los niños a leer por su cuenta con más placer y discriminación.

Los bibliotecarios especializados en servicios escolares son aliados invaluables de cualquier responsable de los libros de una escuela y se debe mantener un estrecho contacto con ellos.

La ubicación del depósito central es importante, porque

esto afecta su uso. Por ejemplo, es preferible que esté acomodado en estantes a lo largo de un corredor central, en donde los libros se pueden tomar en cualquier momento, a que esté encerrado en una habitación que se usa todo el día para enseñar. Y mejor aún en un vestíbulo de entrada grande, convenientemente ubicado, en vez de oculto en una habitación lejos de la mayoría de los niños (especialmente de los más pequeños), por muy agradable que pueda ser la habitación en sí. El acceso depende, en parte, de la localización.

Después de todo, el propósito del depósito central no es simplemente proporcionar una clara organización. Está allí para ser usado. El sistema de catálogo está pensado para ayudar a cada uno a saber qué libros están disponibles. El sistema de registro de préstamos está para que todos puedan saber dónde están los libros. No hace falta decir que debe estar abierto en todo momento para investigar, buscar referencias y tomar libros en préstamo.

LAS BIBLIOTECAS DE AULA

El depósito central es también la fuente de alimentación de lo que yo llamo las "colecciones dispersas"; las minibibliotecas en las aulas de clase y otras áreas de trabajo.

Los libros de estas colecciones dispersas están catalogados en el depósito central y también el registro de sus préstamos, pero algunos van a tener su lugar permanente en el aula de clase o en el área de trabajo. Es necesario comprar varios ejemplares de diccionarios y otras obras de referencia, así como de aquellos libros de literatura que la clase quiere leer y releer y a los que el maestro se refiere con frecuencia.

Otros libros pueden ser necesarios sólo por un corto periodo de tiempo y se regresarán al depósito central cuando ya no se requieran.

Además de buscar la mayor disponibilidad posible, esta forma de organizar los libros ayuda a que la escuela saque el máximo provecho de sus fondos. En las escuelas en donde sólo hay libros en las aulas, se compran muchos ejemplares de muchos libros para asegurar que cada aula tenga uno, mientras que en el sistema de préstamo y devolución de un depósito central, un solo ejemplar puede ser suficiente para todos. Esto ahorra dinero que se puede gastar en otros libros, incrementando el número de títulos.

El bibliotecario

Tal sistema necesita a alguien que lo atienda. Cada escuela debería tener un adulto a cargo de su depósito de libros, alguien que sea un organizador razonablemente eficiente y que crea que los libros deben ser leídos, más que estar acomodados pulcramente en los estantes. Igual de importante es que el bibliotecario quiera que otras personas (maestros, padres y los propios niños) ayuden a hacer el trabajo. Mi experiencia, como la de muchos otros maestros-bibliotecarios, es que el interés de los niños en los libros y la lectura está significativamente relacionado con su participación en el manejo de los libros, ya sea en el depósito central o en las colecciones dispersas.

¿Quién compra?

Las existencias de libros de la que se espera que los niños escojan es en sí misma una selección realizada a partir de todo lo que producen las editoriales (quienes a su vez escogen entre una inmensa cantidad de manuscritos que se les ofrecen). De modo que las personas que deciden qué comprar para la biblioteca de una escuela tienen una posición muy poderosa. Su gusto, su conocimiento de lo que se ha publicado, su opinión sobre lo que los niños deberían leer es lo que dicta la naturaleza de las existencias.

Por esto, si los libros de una escuela van a representar las necesidades de su comunidad, la responsabilidad de la selección nunca debería recaer en una sola persona. Y los niños deberían ayudar. Hay muchas maneras de que lo hagan. Aquí se presentan unos pocos ejemplos salidos de experiencias de trabajo:

- En una escuela primaria, cada grupo discutió los libros que le gustaría agregar a su biblioteca. Luego, cada uno eligió a un representante para un comité que estuvo presidido por un alumno de los últimos años, y en el que había un maestro presente para ayudarlos. El comité compiló una lista final derivada de las listas de los grupos, sólo limitada por el presupuesto de la escuela destinado para libros. Después, el comité visitó una librería local, compró los libros y, por último, después de prepararse cuidadosamente para la ocasión, presentó los libros en una asamblea en la que participó toda la escuela, exponiendo las razones de su elección y leyendo en voz alta fragmentos breves de los libros.

  Los beneficios educativos de este ejercicio son obvios: mediante conversaciones críticas, los niños tuvieron que explicar por qué pensaron que valía la pena gastar dinero en *esos* libros. La negociación les mostró a los niños qué habilidades se necesitan para tal empresa y la forma en que opera un comité. Se gastó dinero real en una librería real con un propósito real; no se trató sólo de un ejercicio en clase ni de un juego de *Vamos a hacer de cuenta que...* Algunos niños vivieron la experiencia de presentarse con sus decisiones en público para que fueran juzgados por sus pares. El interés en los libros que finalmente se compraron llevó a muchos niños a leer mucho más de lo que hubieran leído en otra situación. Elegir los libros, comprarlos y leerlos se volvió un asunto democrático de gran importancia que, en sí, valió el gasto de tiempo y dinero, pues afectó la vida de cada niño y maestro.

- Dos veces al año, en algunas escuelas, el maestro-bibliotecario y al menos un miembro más del personal visitan una biblioteca de servicios escolares y a su proveedor de libros para ver lo que se ha publicado en los últimos meses con el fin de mantenerse actualizados y llevar sugerencias para nuevas adquisiciones. A veces, un grupo de niños los acompaña para dar sus impresiones.

- El servicio de bibliotecas escolares o el proveedor de libros u otras agencias exhiben libros en la escuela. El personal, los niños y los padres los examinan. Se hacen listas de los libros que les gustaría que la escuela adquiriera y después se toman decisiones sobre cuáles se pueden comprar. Los niños se involucran en la organización, discusión y compra.

Estas formas de involucrar a los niños son útiles en el ámbito de cada grupo, de cada grado y de toda la escuela.

LOS FONDOS PARA LIBROS

Los libros cuestan dinero. Qué tanto de su presupuesto gasta una escuela en ellos es una buena forma de medir su compromiso con la lectura y, especialmente, su compromiso con la lectura de literatura. Como ninguna escuela tiene nunca suficiente dinero o suficientes libros, cada una tiene que buscar otras fuentes para maximizar sus existencias. Y qué tanta energía se invierte en esta búsqueda es otra buena prueba de su compromiso; por ejemplo, fondos donados por las asociaciones de padres y maestros, actividades especiales para recabar fondos, apoyos de la autoridad local para el desarrollo curricular, donativos personales, libros donados por ex alumnos, etcétera.

~

4. Exhibición

La exhibición de los libros les otorga notoriedad.

Estimula el interés. Es decorativa. Influye profundamente en la actitud mental de las personas que la ven. La exhibición es, por tanto, esencial para un ambiente de lectura efectivo.

Poner los libros en exhibición es también una importante manera de hacer recomendaciones a distancia. Un adulto puede trabajar de cerca sólo con unos pocos niños. En una escuela grande podemos trabajar todo el día y aun así no tener contacto con la mayoría de los niños. A través de una exhibición podemos llegar a muchos más, a los que conocemos y también a los que no conocemos.

Además, a veces no les agradamos a algunos niños, por más que nos esforcemos. Esa antipatía puede trasladarse a las actividades con las que nos asocian. Entonces, ellos no van a leer los libros que nosotros les recomendemos. La exhibición nos saca de su atención. Nadie pasa mucho tiempo preguntándose quién puso los libros ahí, antes de ser atraído por ellos.

Los libros en exhibición hablan por sí mismos. Cuán bien lo hagan depende de qué tan bien hecha esté la exhibición y qué tan interesantes sean las portadas de los libros. En general, lograr una buena exhibición toma relativamente poco tiempo y esfuerzo comparado con el valor de su efecto.

Una buena exhibición depende de dos ingredientes principales:

- Una astuta selección de los libros.
- Una acomodo diseñado para atraer a los niños de modo que quieran saber más sobre los libros.

No hay que olvidar que la exhibición funciona porque atrae visualmente.

Otros aspectos a recordar:

Elección del lugar

Es probable que una exhibición colocada en un rincón oscuro de un corredor muy transitado no reciba mucha atención. Asegúrese de que haya espacio suficiente para que las personas se detengan y miren sin obstruir a los que pasan. Debe haber mucha luz y, si es posible, destacar con ella algunos espacios.

Atracción

Podemos aprender mucho de los buenos aparadores y de las exhibiciones de museos sobre cosas tales como agrupar libros, el tipo de materiales adecuados para los fondos, el uso del espacio, los diferentes niveles y colocación de las formas o cómo manejar leyendas y rótulos. Hay que evitar cualquier cosa gastada o improvisada con descuido. Piense cuidadosamente en el número de libros que incluirá. El desorden no es agradable y el atiborramiento confunde.

Impacto inicial

Toda exhibición necesita un elemento que tenga el efecto de llamar la atención de inmediato, y otros (de preferencia los libros) que sostengan el interés una vez que se ha captado.

Con todo, cada exhibición tiene su propio periodo de vida. Tan pronto como se vuelve familiar, las personas dejan de notarla. En una comunidad estable, como una escuela, juzgar cuándo una exhibición ha llegado a su fin es bastante fácil: simplemente hay que fijarse en qué tanto la miran y cuánto interés genera. Cuando ambas cosas declinan, es hora de hacer un cambio.

Mantenimiento

Las exhibiciones abiertas, en contraposición a las que están detrás de un vidrio o fuera del alcance de la mano, necesitan mantenimiento continuo. Los libros y objetos sueltos se desacomodan. La decoración se mancha y se daña. Lo que empezó como una exhibición inmaculada, se ve pronto deslucida y desaliñada.

Disponibilidad

Si es posible, debe haber ejemplares de los libros exhibidos para su préstamo o venta. Los lectores son impacientes. Cuando ven un libro que los excita, lo quieren aquí y ahora. Cuanto más tiempo tome conseguir un libro más probable es que se pierda el interés.

Hace poco una maestra me habló de una exhibición de libros montada en el vestíbulo de entrada de una escuela a la que acababa de entrar a trabajar, y que tenía un ambiente de lectura muy pobre. La mañana siguiente al montaje, durante una asamblea, habló de la exhibición, explicando que cualquiera podría escribir su nombre en una hoja de papel colocada al lado de la exposición, con los títulos de los libros que quisieran leer una vez que terminara el evento. Al terminar la asamblea, los niños fueron a sus salones y la maestra se quedó conversando con la directora. Cuando finalmente salió hacia su salón, pasó por la exhibición. No había un solo libro en ella. Se habían llevado todos en los dos o tres minutos transcurridos desde el término de la asamblea.

Esta anécdota ilustra varios puntos:

- La naturaleza codiciosa de los lectores con determinación.
- El efecto que tiene un buen maestro cuando habla de libros.
- La sed de lectura en niños comunes que habían estado privados de ella y que, según los adultos que les habían enseñado hasta entonces, no tenían interés en leer.
- Es, además, un ejemplo de libros que están disponibles (como en cualquier exhibición) pero no son accesibles (no estaban pensados para prestarse antes de que terminara la exhibición).

Toda exhibición presenta el problema de crear una demanda que a veces no se puede satisfacer de inmediato. Éste es otro elemento importante para decidir el tiempo de vida de una exhibición. Algunas se montan con la intención de que no duren más que el tiempo de "lo veo, lo quiero, lo tomo". Otras tienen una prohibición explícita, como "no hay préstamos hasta el próximo lunes".

Equipamiento y accesorios

El dinero siempre es escaso y el equipo comercial para exhibiciones es caro. En vez de comprar equipos costosos, gaste el dinero en libros y sea creativo al buscar la forma de exhibirlos. Aquí hay una lista de algunas cosas que he usado:

- Partes de la escalera de lazo del conserje, agrupadas de forma interesante, cubiertas con yute o arpillera y decoradas con manualidades hechas por los niños, como fondo para los libros.
- Cajas usadas como ladrillos, cubiertas y pintadas atractivamente.
- Aparatos de gimnasia: bancas, potros de madera, estructuras para escalar, bien agrupados y decorados.
- Muebles del taller de artes y oficios: caballetes y bancas de madera, agrupados y usados como estantes.
- Maniquíes y plataformas móviles.

Las posibilidades son casi ilimitadas y casi todas son más sorprendentes y atraen más la mirada que los tableros y estantes profesionales.

Temas y tópicos

Hay muchas variantes en los temas para una exhibición. Éstos son algunos de los más comunes:

- Libros nuevos. Siempre es popular. A todos les gusta ver lo que acaba de llegar. El problema es que también todos quieren tomarlos de inmediato.
- Libros que tienen algo en común: novelas sobre el mar,

historias sobre perros, álbumes ilustrados que usan la forma de una tira cómica, diversas versiones del mismo cuento popular, etcétera.

- El autor de la semana. Siempre popular y una de las mejores maneras de llevar la atención de los niños hacia formas de escritura que pueden no conocer.
- El artista o ilustrador de la semana. Como la anterior, pero para una comprensión más profunda de los aspectos visuales del libro.
- Una selección de coyuntura, por alguna celebración o noticia sobresaliente.
- Libros de una misma editorial o colección, o con algún otro rasgo editorial en común.
- Libros premiados. Hoy en día hay muchos premios de literatura infantil; cada uno de ellos ofrece una ocasión para este tipo de exhibición.[1]
- Libros traducidos de otros idiomas. En general, nuestros niños desconocen la literatura de otras lenguas y culturas. Enfocar la atención en libros de otras nacionalidades ayuda a mejorar esta situación.
- Libros adaptados para películas, programas de radio o televisión, que se transmiten localmente, para vincularlos con la muestra.
- Libros reseñados por niños de la escuela.
- Libros acompañados por trabajos realizados por los niños en respuesta a su lectura: dibujos, historias, poemas, maquetas, guardapolvos, ilustraciones.

---

[1] Aidan Chamber enlista algunos premios que se otorgan a libros escritos en lengua inglesa. Hay otros reconocimientos, de carácter internacional, como el Premio Hans Christian Andersen, la Lista de Honor de la International Board on Books for Young People (IBBY) o el Catálogo White Ravens de la Biblioteca Juvenil Internacional de Munich. Además existen diversos premios tanto regionales como nacionales y locales a libros en lengua española, organizados por diversas fundaciones o editoriales interesadas en promover la escritura de libros de calidad para niños y jóvenes. [N. E.]

- "Nuestros favoritos". Cada grupo o cualquier conjunto de niños que se quiera reunir se turna para seleccionar sus libros favoritos en ese momento y decide la manera de exhibirlos. Siempre popular. A veces controvertido.

EXHIBICIONES

Hasta ahora he hablado de exhibiciones en pequeña escala y de poca duración. De vez en cuando, digamos dos veces al año, es una buena idea realizar una muestra más grande, con muchos más libros y fondos más elaborados en los que todos los miembros de la escuela puedan participar. Se invita a los padres a ayudar y a ver los libros. Se muestra el trabajo de los niños, quienes presentan una obra de teatro o una lectura de poesía o alguna otra actividad. Tal vez un invitado razonablemente conocido dé una charla o una compañía de actores o músicos ofrezca un espectáculo. También se puede usar la exposición como foco para discutir la política de lectura de la escuela. La ocasión es, más que nada, un momento festivo, una forma de refrescar el interés y elevar la atención.

Esto empieza a traslaparse con lo que muchas escuelas llaman su feria o semana del libro (véase el capítulo 11, "Poseer libros"). Estas exhibiciones más grandes, y con frecuencia traídas de afuera, necesitan una cuidadosa organización. Para que valga la pena el trabajo extra y el gasto, todo el personal debe hacer un esfuerzo especial, preparando a los niños para lo que sucederá y capitalizando la actividad con otras que le den continuidad.

La calidad y tipo de exhibiciones —o su ausencia— es otro indicador preciso, creo yo, del valor que se le da a los libros y a

41

la lectura en la escuela. Cada parte del edificio, dentro o fuera de los salones de clase, debe ser examinada como una posible área de exhibición. Y así como con el manejo de las existencias de libros, se debe estimular a todos los involucrados para que organicen sus propias exhibiciones: maestros, maestros y niños, niños de varios grupos, padres, padres y niños, etc. Cuando esto ocurre, la realización de exhibiciones ayuda a reunir a la comunidad, además de crear y estimular a los lectores.

∼

5. Áreas de lectura

Los seres humanos son animales territoriales y ritualistas.

Nos gusta saber qué se puede hacer, dónde, cuándo, cómo y con quién. Tendemos a respetar los espacios establecidos para un propósito particular. Y nos gusta saber cómo debemos comportarnos en diferentes circunstancias. Se nos enseña desde niños qué tipo de comportamientos son apropiados en diferentes lugares: cuando estamos en casa de un extraño, por ejemplo, o en un comercio o en una biblioteca, o en un partido de futbol o en una fiesta de cumpleaños. El mejor ejemplo es cómo, con muy pocas excepciones, nos ponemos silenciosamente solemnes al entrar en algún edificio religioso, aun cuando no seamos creyentes. Parece que nuestra mente se adapta al tipo de lugar en el que estamos tan pronto como reconocemos el entorno.

"Leer" es así. Es una actividad que tiene ciertas necesidades de comportamiento. Tenemos que preparar bien nuestra mente, concentrarnos en el libro de modo que seamos arrastrados a su interior y podamos darle nuestra atención. La experiencia ha demostrado que en la escuela los niños hacen esto mucho mejor si cuentan con espacios destinados sólo para leer: lugares que muchos maestros llaman "áreas de lectura".

En las aulas, el área de lectura casi siempre es una esquina delimitada por un pedazo de alfombra y rodeada de libreros. (Como explico más adelante, es mejor acomodar los libreros con la espalda hacia adentro y los estantes hacia afuera del área de lectura, de modo que los libros se puedan tomar y devolver sin entrar al área de lectura. El revés de los libreros forma así las miniparedes de una pequeña habitación dentro del salón.) Cojines, almohadas o muebles acolchonados, incluso pequeños sillones y ocasionalmente una mesa si hay espacio, hacen que el área sea confortable y atractiva. Hay carteles de libros en las paredes y unos pocos libros en exhibición.

Algunas escuelas son lo suficientemente afortunadas como para tener también aulas de lectura, versiones elaboradas de los rincones de lectura, con suficiente espacio para exhibir libros que se pueden mirar y leer ahí. Puesto que son lo suficientemente grandes como para albergar grupos numerosos o incluso una clase completa, a veces se usan para ocasiones especiales como, por ejemplo, cuando se invita a un autor a dar una plática o los bibliotecarios de servicios escolares ofrecen una sesión de cuentacuentos.

Para el uso cotidiano, las reglas son muy simples. Uno va al área de lectura para leer en silencio y nada más. Y no distrae a los otros lectores hablándoles o moviéndose mucho.

Tal vez sea bueno hacer hincapié en que las áreas de lectura no son bibliotecas en donde se guardan los libros, pues los niños necesitan hablar y escribir y moverse cuando están sólo mirando o buscan algún título y lo llevan a préstamo o revisan referencias.

Fue un joven maestro quien me dejó clara esta distinción. Le pregunté por qué sus libreros estaban volteados hacia afuera, como describí arriba, y por qué su área de lectura era sólo para lectura y no para hojear y elegir libros.

"Cuando vas a un supermercado —me dijo—, ¿cocinas la comida y la comes ahí luego de haberla comprado? Desde luego que no. Para mis niños, su biblioteca es como un supermercado. Ellos hacen su compra ahí y consultan conmigo y con sus amigos sobre lo que están eligiendo y qué es mejor. Pero les gusta ir a otro lugar a leer lo que han elegido. Igual que cuando vamos a casa y cocinamos y comemos la comida que hemos comprado."

De inmediato me di cuenta de que tenía razón. Ésta fue una de esas enseñanzas prácticas que sólo puedes recibir en el trabajo; y como yo era entonces el tutor a cargo de este joven maestro, es también un buen ejemplo de cómo un adulto facilitador aprende de alguien a quien supuestamente le está enseñando.

Las áreas de lectura también significan valor. Uno no dedica un lugar exclusivamente para una actividad especial a menos que crea que tiene una enorme importancia. Sólo por estar ahí para usarse de determinada manera y protegida por reglas simples y razonables, un área de lectura le anuncia a los niños, sin que el maestro lo tenga que decir, que en esta aula, esta escuela, esta comunidad, entendemos que leer es una actividad esencial.

Caso de estudio

El director de una escuela primaria de tamaño mediano en Oxfordshire decidió mejorar el ambiente de lectura de su escuela convirtiendo un gran almacén en un área de lectura

específicamente diseñada para exhibir ficción, ofrecer un ambiente que permita hojear los libros, tener breves conversaciones literarias formales e informales, y formar pequeños grupos de lectura. Quería que fuera un lugar agradable para leer y conversar de forma relajada y placentera.

Al principio no estaba seguro de cómo iba a financiarlo,

pero tenía en mente que la asociación de padres y maestros de la escuela me proporcionara el dinero.

Contacté a nuestro departamento de suministros (de la autoridad local) y brevemente le informé de mis intenciones a la persona a cargo. Le pedí que me hiciera una visita, de modo que pudiéramos discutir cómo amueblar el área. Él trajo varios catálogos y nuestro consultor y yo nos reunimos con él *in situ*.

Para mi satisfacción, dijo que sentía que el proyecto era necesario, pues el viejo edificio no contaba con suficientes áreas "silenciosas", y estuvo de acuerdo en financiar tanto los muebles como la colocación de estantes y tableros para exhibición. Ordenamos tres juegos de estantes ajustables que consistían en diez entrepaños horizontales y tres oblicuos para exhibir los libros de frente. También ordenamos tres mesas bajas, seis cubos pequeños para que se sentaran los niños y dos bancas tapizadas para ofrecer más asientos cómodos. El departamento de suministros también me ofreció comprar tres tableros para exhibición.

El consultor y yo limpiamos la habitación y solicitamos una mejor iluminación, que fue instalada y financiada por el departamento de ingeniería.

Me pareció necesario involucrar a los niños en el proyecto y me puse de acuerdo con un padre para que los ayudara a hacer dos inmensos almohadones.

Destinamos una gran suma de dinero de los fondos de la escuela para comprar libros nuevos y fuimos a una librería grande para seleccionarlos.

Cuando todo estuvo listo, después de redecorar, equipar y acomodar los libros —todo el proyecto tomó nueve meses para completarse—, invitamos a un autor muy conocido para dar la primera plática en la nueva área de lectura y abrirla oficialmente. [John Kitchen, director, escuela primaria Standlake, Oxford, 1989.]

Este proyecto de gran escala muestra lo que se puede hacer si un director y el personal de la escuela están convencidos y lo llevan a cabo de la manera correcta. Con frecuencia nos quejamos de lo difícil que es obtener dinero para hacer cambios de este tipo, pero consultando cuidadosamente a los funcionarios locales y costeando los artículos necesarios, así como estando dispuestos a hacer ellos mismos parte del trabajo duro, esta escuela obtuvo lo que quería y la mayor parte de los costos salió de fondos públicos.

En el caso de las escuelas que dependen de la administración local, donde los directores manejan su propio presupuesto, debería ser mucho más fácil llevar adelante proyectos de este tipo. Todo depende de las prioridades y la determinación de los directores, los administradores y el personal.

Con frecuencia he oído relatos similares, si bien no siempre involucran un cambio de gran escala como el anterior. Los puntos clave a recordar son:

1. Nunca suponga que algo no puede hacerse porque "las autoridades no van a pagarlo o no van a permitirlo", independientemente de quiénes sean las autoridades. Inténtelo. Consulte con las personas a cargo de los diferentes fondos sobre dónde localizar los recursos para los cuales podría calificar su proyecto. Por ejemplo, los fondos para desarrollo curricular a veces están disponibles para ayudar a una escuela a mejorar su provisión de libros. Igualmente, se puede disponer de los fondos para mejoras multiculturales para comprar libros.

2. Realice de antemano, en un lenguaje claro y directo, la justificación de lo que quiere hacer:

- ¿Para qué hacer el cambio?
- ¿Cómo beneficiará a los niños?

- ¿Cómo se articulará con los requerimientos curriculares?
- ¿Quién hará el trabajo?

Escriba un breve resumen (no más de dos páginas) de su propuesta, de modo que las personas responsables de aprobarla puedan estudiar su escrito en sus tiempos libres. Incluya el punto 3 (abajo) como anexo.

3. Trabaje en el presupuesto de su proyecto. Nunca pida una suma acumulada de dinero. Cuando realice el estimado para las autoridades —el director, el consejero de la autoridad local, el departamento de suministros, quien sea— enliste cada artículo y su costo probable.

4. Sea realista cuando haga la estimación, pero siempre pida un poco más de lo que espera que le den y sepa de qué artículos prescindir cuando se le pida que reduzca el presupuesto.

5. De ser posible, muestre cómo se articula su proyecto con otros proyectos que ya funcionan o están en preparación. Es más probable que obtenga lo que quiere si se ve como algo que ayuda a la política general de la escuela.

~

6. Hojear

Los lectores habituales conocen el placer de hojear.

Saben que pueden encontrar justo lo que están buscando, pero no sabían que existía, entre las pilas de libros de una librería de segunda mano o echando un vistazo al azar entre los estantes de una biblioteca pública.

Las personas no se vuelven lectores comprometidos con una dieta de libros recetados, no importa lo bien elegidos que estén. Nadie puede ser del todo exitoso al elegir libros para otro. Todos disfrutamos de la libertad de elección, y cuando tenemos libertad, nuestra disposición mental, nuestra actitud, tiende a ser optimista y positiva. Alegremente nos volvemos lectores ansiosos cuando seguimos nuestros propios instintos y gustos.

Al igual que los adultos, los niños necesitan oportunidades para encontrar por sí mismos los libros que satisfarán sus necesidades y se ajustarán a su madurez y personalidad. Hojear ofrece esa oportunidad.

De modo que el tiempo para hojear es un elemento importante en el ambiente de la lectura y trae consigo otras ventajas. Familiaridad, para empezar. Las personas que vienen de hogares "sin libros" (como yo), con frecuencia sienten que las librerías y las grandes bibliotecas públicas son sitios prohibidos. Todos esos estantes llenos de todos esos libros; ¿por dónde empezar? El tiempo para hojear brindado en la escuela, donde hay la ayuda de un adulto al que los niños conocen bien y compañeros con quienes hablar sobre lo que han leído y les gustó, puede ser el medio para que muchos niños descubran cómo elegir libros por sí mismos.

Entonces, es importante trabajar personalmente con los niños. Mientras que un grupo de niños hojea los libros, el maestro puede ir hablando con ellos individualmente, animándolos y sugiriendo, escuchando informalmente lo que cada uno tiene que decir.

Al mismo tiempo, mientras eligen y prueban, los niños pueden hablar unos con otros, discutir los libros que han leído, intercambiar opiniones e incitar a sus amigos a leer los libros que han disfrutado. El maestro puede no haber dicho nada, pero al proporcionar la circunstancia correcta —un conjunto de libros desplegados en forma atractiva con espacio para moverse entre ellos— y permitiendo que hablen en voz baja, ha ayudado a los niños a que se ayuden unos a otros. Ha puesto a trabajar la influencia del grupo de pares (véase el capítulo 13, "Amigos y pares").

¿Cuánto tiempo para hojear y cuándo?

En un grupo bien organizado, debe haber tiempo para que los niños hojeen todos los días. Cinco minutos son suficientes. Cuando se presentan exhibiciones especiales o el grupo visita la biblioteca central de la escuela o cuando van a la biblioteca pública, es necesario un periodo de tiempo más largo. Cada lugar requiere una extensión de tiempo distinta. Cuanto más hay para mirar y más especial es la ocasión, más tiempo se necesita. También, desde luego, más cuidadosa debe ser la preparación de los niños para lo que verán.

He estado hablando sobre los niños hojeando juntos en grupo. Pero, desde luego, ellos también hojean por su cuenta.

Durante el horario de clases se las arreglan para hacerlo entre distintas tareas, lo que no es difícil si los libros están disponibles y son accesibles.

Esto significa que existen tiempos formales e informales para hojear. Durante los tiempos formales, los niños hojean juntos, supervisados por un adulto. En ese caso, el propósito puede ser ver cuidadosamente una exhibición particular porque tiene que ver con un tema que estamos estudiando o simplemente por el placer de ver libros juntos y seleccionar algunos para leer. Los tiempos informales, en las horas de escuela o fuera de ellas, son aquellos en los que los niños hojean por su cuenta (tal vez con un amigo) porque quieren disfrutar los libros por sí mismos o porque necesitan encontrar un libro que leer.

Si no se apoya con alguna otra enseñanza, el hojear no es suficiente para convertir a los niños en lectores literarios. La idea de que todo lo que tenemos que hacer es rodear a los niños de libros y así lo demás se dará naturalmente, es ilusa. Incluso si esto fuera suficiente para algunos niños, ciertamente no lo es para todos. Por otro lado, hojear es una actividad mucho más importante de lo que su aspecto informal y aparentemente desestructurado hace creer a los ojos no experimentados. De hecho, hojear regularmente es esencial.

~

7. El tiempo de lectura

Ser un lector significa leer por sí mismo. Toda lectura toma tiempo.

Si esta premisa es cierta, desemboca inevitablemente en otra: los adultos que se preocupan por que los niños lean deben asegurarse de que tengan tiempo para leer por su cuenta.

Es lo que muchos llaman "tiempo de lectura".

Hace algunos años, John Werner sintetizó los argumentos a favor del tiempo de lectura:

1. Cada alumno debe recibir la oportunidad de leer, a su propio ritmo, materiales de una dificultad adecuada para él. Algunas lecturas requieren de una práctica frecuente.

2. Ningún maestro puede estimar qué libro satisfará las necesidades emocionales e intelectuales de un individuo. Por lo tanto, se debe probar con muchos libros.

3. Las lecturas no pueden dejarse para el tiempo libre de los alumnos. Muchos niños vienen de hogares en donde la lectura seria simplemente no forma parte de su modo de vida; la televisión, con todas sus ventajas, ha limitado sin duda el incentivo para adquirir el hábito de la lectura, cuando esta práctica no forma parte de sus patrones sociales aceptados.

4. El maestro no debe estar siempre involucrado en la respuesta a un libro. Los bloqueos emocionales hacia la lectura pueden provenir de una relación insatisfactoria con el maestro. Con lo numerosos que son los grupos, no siempre es posible detectar los problemas a tiempo. Cualquiera que sea el caso, un maestro anterior puede haber dejado el legado de una actitud insatisfactoria hacia la lectura [...].

5. Un maestro no puede tener sobre sí la responsabilidad de todos los libros entre los cuales va a escoger el niño. Si sólo se estimula la lectura dirigida, el grupo tan sólo reflejará el gusto del maestro, en lugar de desarrollar el propio de cada alumno.

6. Si un niño sólo lee basura, este es un asunto que se debe tomar en cuenta y tratar (en otro momento).

7. Muchos de nuestros grandes autores [...] se nutrieron de una dieta temprana de amplias lecturas al azar [...].

8. El niño debe aprender a discriminar por sí mismo. Si a un alumno se le permite aceptar o rechazar, él mismo va a demandar estándares más altos en el material de lectura mucho antes que si su maestro intenta decirle qué es bueno y qué es malo.[1]

Werner subraya algo que ya sabemos: necesitamos leer con frecuencia y regularmente durante la infancia y adolescencia para tener una buena oportunidad de crecer como lectores comprometidos.

¿CON QUÉ FRECUENCIA DEBEN LEER LOS NIÑOS POR SU CUENTA?

Hasta los dieciséis años, lo óptimo es que cada niño tenga un tiempo de lectura independiente, no dirigido, todos los días durante las horas de clase. Los padres atentos notarán, especialmente durante los fines de semana y en vacaciones, que sus niños son estimulados a leer solos.

---

[1] John Werner, *The Practice of English Teaching,* Graham Owens y Michael Marland (comps.), Blackie, 1970.

La respuesta simple es: tanto como un niño pueda sostener la concentración y el interés, más otro poco. Naturalmente, la longitud varía de acuerdo con otros límites. Los niños muy pequeños tienden a tener periodos de concentración más cortos que los más grandes. Los niños que han crecido dentro de una familia lectora y están acostumbrados a "entregarse" a los libros pueden leer por periodos más largos que los niños de la misma edad que vienen de familias no lectoras. Los niños en aulas de clase bien conducidas y bien equipadas por lo general pueden concentrarse durante periodos de tiempo más largos que aquellos que tienen el infortunio de estar con un maestro incompetente (en donde la disposición está en contra) o están en aulas que no son atractivas ni confortables (en donde la circunstancia no ayuda).

Tampoco se puede esperar que niños que no están acostumbrados a leer solos, de pronto lo hagan simplemente porque un nuevo maestro introduce un tiempo regular de lectura. Se les debe preparar e incluso llevar gradualmente. En estas circunstancias, una buena idea, una vez que ha explicado qué va a suceder y por qué, es leer en voz alta durante parte de cada sesión, porque esto une al grupo y sintoniza sus mentes con la historia. En el resto de la sesión los niños leen sus propios libros durante un tiempo que se extiende gradualmente a medida que se acostumbran a la actividad y crece su aguante para la lectura. Una vez que se han acostumbrado a leer solos, pueden iniciar sin que se les lea antes y a la lectura en voz alta se le puede dar un tiempo diferente.

El siguiente es un promedio razonable a alcanzar: para niños de siete años, sesiones de por lo menos quince minutos (tal vez dos sesiones al día). Para los de nueve, sesiones de media hora. Para niños de trece años, sesiones de entre cuarenta y cuarenta y cinco minutos.

Desde luego, este tiempo es para la lectura. No incluye el tiempo para sentarse o preparase o para que la maestra dé las instrucciones.

Debe ser *ininterrumpido*. No es momento para que la maestra revise el trabajo de los niños ni para que los escuche leer en voz alta ni para ir por el salón haciendo todo tipo de cosas. De hecho, si trabajamos bajo el principio de que los niños están más dispuestos a hacer lo que los adultos consideran importante, la maestra debe ponerse también a leer.

Una lectura *sostenida* se da mejor si tenemos la seguridad de que no seremos interrumpidos. ¡Pero también hay momentos en que necesitamos que alguien nos anime! Una de las cosas que puede hacer la maestra es proporcionar la fuerza de voluntad que los niños a veces no tienen para relajarse y leer. Esto es más fácil si regularmente se aparta un tiempo que todos saben que se ocupará para leer. Un periodo sacrosanto es otro de esos rituales que condicionan nuestra disposición mental. Algunas escuelas se organizan para que coincida el de todos los grupos. Otras le dejan la decisión al maestro.

¿Silencio? Mientras más envejecemos, más nos gusta leer en silencio. Los niños pequeños con frecuencia hablan todo el tiempo mientras están leyendo. Se señalan cosas unos a otros, ríen, cuentan la historia, la critican e improvisan. Y no parece molestarles que otros niños cerca de ellos hagan lo mismo. Para ellos no es necesario insistir en un silencio que podría incluso sacarlos de la lectura. Pero para los nueve

años, los niños que se han vuelto lectores asiduos entienden que no deben interrumpir a los demás durante el tiempo de lectura y entonces éste es ya un tiempo para permanecer en silencio.

El otro día visité a un grupo de niños de nueve años durante su tiempo de lectura. Algunos estaban sentados solos en sus mesas de trabajo. Otros estaban echados en el piso en el rincón de lectura. Un grupo de tres niños estaba apiñado en una mesa viendo un álbum ilustrado y hablando bajo sobre él. Había otros dos niños leyendo silenciosamente del mismo libro. La habitación no estaba en silencio total, pero el sonido que había era un murmullo que no distraía a nadie. La maestra leía una novela; cada tanto levantaba la vista para observar que todo estuviera bien y un par de veces, en los veinticinco minutos que duró la sesión, caminó por el salón para ver qué sucedía en los rincones más oscuros. Sólo una vez debió acercarse a un niño que empezaba a portarse mal; le dirigió una mirada y, como pareció no ser suficiente, hizo una señal de advertencia con el dedo. El niño lo pensó mejor y volvió a su libro.

Esto fue en marzo. La maestra se había hecho cargo de ese grupo el septiembre anterior. Antes, los niños habían recibido una mala enseñanza. No habían tenido el tiempo para leer solos ni habían disfrutado de la mayoría de las ventajas señaladas en estas páginas. A la maestra le tomó tres meses —un periodo escolar— acostumbrarlos al tiempo de lectura. Pero ahora, tres meses después, protestarían, me dijo la maestra, si algo interfiriera con su sesión diaria.

Aquí hay un breve apunte de los resultados de otro maestro que estableció un tiempo de lectura regular durante un año, en un esfuerzo por mejorar el ambiente de lectura en una escuela rural de dos grupos. Él tomó a los niños más grandes, de entre ocho y once años:

Los periodos de lectura privada y en silencio han sido un éxito desde su inicio. Los más pequeños toman los álbumes ilustrados y algunos no se detienen en su lectura, pasan rápidamente las páginas y tienen grandes pilas de libros en sus mesas; a veces ni siquiera están dispuestos a compartir su dotación personal, pero creo que esto es parte del proceso de adquirir el hábito de usar los libros y aprender que es una actividad social aceptable, rodeados como están por libros y lectores silenciosos y dedicados. Aquellos que ya pueden leer bien se comprometieron profundamente y obviamente se beneficiaron de estas sesiones; en una de las primeras, dos niños tuvieron dificultades. Una niña no pudo resistir una sesión de veinte minutos y un niño regularmente escogía libros que no podía leer con éxito. Ambos se adaptaron pronto a la situación y han aprendido a manejar el tiempo de lectura. [Howard Biggs, escuela primaria Childrey, Oxfordshire, marzo de 1988.]

Si tuviera que nombrar los elementos indispensables del ambiente de la lectura, los recursos sin los que no podemos ayudar a los más jóvenes a volverse lectores, el tiempo de lectura sería uno de los cuatro esenciales. Otros dos son: existencias bien elegidas de libros y la lectura en voz alta. El cuarto yace fuera del rango de este libro, porque tiene que ver con la enseñanza directa más que con el ambiente de la lectura. Aparece como "respuesta" en el círculo de lectura y es la conversación entre los niños, guiada por el maestro, sobre los libros que han leído. Trataré este aspecto en *Dime. Los niños, la lectura y la conversación.*[2]

Es obvio que el tiempo de lectura ocupa el primer lugar entre estos cuatro importantes elementos, pues, ¿qué sentido tiene ofrecer una rica provisión de libros si ninguno se lee?

---

[1] Aidan Chambers, *Dime*, FCE, México, 2007. (Col. Espacios para la Lectura.)

¿Y qué caso tiene hablar sobre libros que pocos en el grupo conocen? Y aunque leer en voz alta es valioso en sí, cuando hablamos de ayudar a los niños a volverse lectores, la pregunta debe ser: ¿qué tanto leen los niños solos como resultado de esta experiencia?

Claramente, el tiempo de lectura le da un propósito al resto de las actividades basadas en la lectura. De hecho, la calidad de una escuela se puede juzgar por el énfasis que pone en proporcionar tiempo para la lectura y por el vigor con el que se protege ese tiempo contra todas las otras demandas.

∿

8. Siguiendo la pista

Olvidar es parte de leer; recordar lo que hemos olvidado es uno de sus placeres.

Podemos olvidar incidentes o personajes o cómo va la historia. Y pocos recordamos todos los libros que hemos leído. Por ello, releemos los que más hemos disfrutado. Al releer recuperamos lo que disfrutamos la primera vez y descubrimos detalles que no habíamos notado antes y que nos permiten un entendimiento más profundo, una visión distinta del libro.

Si mantuviéramos un registro simple de los libros que leemos, ¿podríamos incrementar nuestro placer haciendo que sea más fácil recordarlos y que sea posible recordar más de ellos? En el pasado, muchos grandes lectores lo han hecho; acumulan su bibliografía a medida que avanzan: título, autor, fecha en que terminaron la lectura. Algunos también tomaban notas de sus impresiones sobre los libros.

En años recientes, al impartir cursos, conocí a dos maestros, ambos ya cercanos a retirarse, que habían llevado "diarios de lectura" desde que eran adolescentes. Cada uno podía abrir sus cuadernos en cualquier página, señalar una entrada y de inmediato recordaba todo tipo de cosas, no sólo sobre el libro en sí, sino sobre dónde estaba en ese tiempo, qué hacía, con quién estaba. Quienes vimos cómo lo hacían, los envidiamos. Un recurso simple había enriquecido sus vidas de una manera que el resto de nosotros no podía compartir.

Como resultado, empecé a llevar mi propio diario de lecturas, algo que hoy me da mucho gusto. En lo que a lecturas se refiere, nunca es demasiado tarde.

Pero nuestra historia de lectura es mucho más que un mero listado de los libros que hemos leído. Está complejamente ligada con la historia de cómo llegamos a pensar como lo hacemos y cómo llegamos a ser lo que somos y qué deseamos ser.

Si leer no afecta nuestras vidas, no nos cambia o influye en nuestro comportamiento, entonces no es más que un pasatiempo que difícilmente vale toda la atención que le dedicamos. Pero si la lectura afecta nuestra vida emocional, intelectual, éticamente —y en otras mil formas—, como creo que lo hace, entonces sí importa qué libros ponemos en nuestra cabeza. Y si es importante lo que ponemos en nuestra cabeza, entonces vale la pena recordar qué libros fueron.

Además, los maestros tienen una responsabilidad pública, depositada en ellos por los padres y el Estado, sobre lo que dan a los niños. Si no se lleva un registro de las lecturas de cada niño, ¿cómo pueden los maestros o cualquier otra persona descubrir la historia de sus lecturas? ¿Cómo pueden manejar inteligentemente un grupo si no tienen forma de saber qué relatos, qué poemas, qué álbumes ilustrados y qué cuentos populares han leído esos niños en los años anteriores?

Lo que solía suceder cuando los niños aprendían a leer a través de una secuencia numerada de libros en un "esquema de lectura", era que la maestra simplemente hacía el registro de los números. Leer era una actividad restringida. Hoy en día, los buenos maestros hacen lo que siempre han hecho los padres que leen: rodear a los niños de la mejor literatura que pueden encontrar y dejarlos leer lo que quieran. Estos libros no están numerados. Ni siguen una secuencia en algún orden fijo. Ni todos los niños leen los mismos libros, ni lo hacen en el mismo orden.

Actualmente, en cualquier clase bien manejada habrá algunos libros que todos han leído y una gran cantidad que sólo algunos hayan leído. También habrá libros que nadie ha leído aún y otros que tal vez sólo leerá una persona. En cualquier grupo vivo de lectores, la historia de lecturas de cada alumno es única, pero está basada en una experiencia compartida de determinados libros: aquellos que la comunidad ha llegado a considerar como esenciales.

Por lo tanto, hoy en día es necesario que los niños lleven sus propios diarios de lectura, de modo que tanto ellos como sus padres y maestros puedan seguirles la pista. No hay nada oneroso o difícil en esto. Es otro simple ritual que se les puede enseñar a los niños tan pronto como son capaces de leer y escribir, o que un adulto puede hacer por ellos antes de ese momento.

Es igualmente necesario que los niños lleven sus diarios con ellos año tras año, clase tras clase y escuela tras escuela. Y para prevenir, en caso de que encuentren un maestro incompetente o que se niegue a aceptar que es necesario o al que simplemente no le interesa, debemos ayudar a los niños a entender, desde el inicio, lo valiosos que son sus diarios y lo importante que es mantenerlos al día, sin importar lo que opine su maestro del momento.

Si nos cruzamos con niños que nunca han llevado un diario, debemos dedicar tiempo para ayudarlos a ponerse al día, registrando todos los libros que puedan recordar.

ALGUNOS PUNTOS PRÁCTICOS

- Trate de asegurarse de que los diarios de lectura se lleven en cuadernos. Es muy fácil perder las páginas de los diarios hechos con hojas sueltas. Los cuadernos no necesitan ser grandes ni contener muchas páginas, pero deben ser lo bastante resistentes como para soportar el uso que les da un niño.

- Antes de que los niños sean capaces de escribir por sí mismos, el maestro debería hacer las entradas del diario mientras los niños lo miran y guardar los diarios cuando no se usan. Tan pronto como los niños sepan escribir y sean lo suficientemente responsables como para cuidar sus diarios, la tarea será de ellos, y el maestro los revisará una vez a la semana mientras conversan sobre los libros registrados.

- No insista en que los niños escriban comentarios en su diario de lectura; éste es simplemente un registro bibliográfico, no un libro de ejercicios. A algunos niños les gusta escribir juicios de una palabra, como "grandioso" o "aburrido" o "excitante", y esto no tiene nada de malo; pero sea cauteloso ante cualquier cosa que convierta el diario en una carga de trabajo.

- Evite usar el diario como una forma de evaluación, como sería escribir comentarios valorativos frente a las entradas, como: "Esto es muy fácil para ti", o incluso: "¡Bien hecho!", porque esto convierte al diario en algo distinto a un apoyo para la memoria y, lo que es peor, lo vuelve en contra del niño.

- Tal vez lo peor es cuando los diarios se usan para poner a un niño en contra de otro en nombre del aprendizaje competitivo: "Jennifer ha leído cinco libros en el mismo tiempo que tú leíste sólo dos, Sarah; y tú, Charles, no leíste ninguno en las últimas dos semanas, mientras que James leyó seis".

- Si los niños ven que los maestros llevan sus propios diarios de lectura, estarán más dispuestos a llevar los suyos.

~

9. Contar cuentos

Hay quienes dicen que no les gusta leer relatos, pero nunca me he encontrado con alguien a quien no le guste escucharlos.

Las bromas, las anécdotas personales, los chismes (la historia de nuestra vida que nos contamos unos a otros todos los días), todos ellos son relatos sobre personas que cuentan lo que hicieron, cómo lo hicieron y por qué. Esta tradición oral se remonta, nos dicen los antropólogos, a las primeras reuniones de seres humanos. Y de ellas han surgido todas las formas de la literatura: poesía, prosa, drama; así como la historia y la biografía, la religión y la filosofía: todas las formas en que usamos imaginativamente el lenguaje para hablarnos unos a otros de la vida del hombre y tratar de darle un sentido.

Esto es una verdad de la historia de la raza humana y también de cada individuo. En este sentido, cada uno de nosotros vive la historia de la humanidad en la historia de su propia vida.

Todos nos iniciamos en la literatura impresa a través de relatos que nos leen en voz alta. Antes de que pudiéramos hablar, ya nos contaban historias en forma de juegos. Las llamamos rimas infantiles: *Este niño lindo se quiere dormir y el pícaro sueño no quiere venir...*, *Este dedito compró un huevito, este dedito lo cocinó...*; y los cuentos infantiles, como: *Había una vez...*, *Hace mucho, mucho tiempo...*; *...y vivieron felices para siempre.*

Palabras simples acomodadas siguiendo distintos modelos narrativos; sonidos que nos preparan para lo que más tarde veremos impreso. Esto nos familiariza con la música del lenguaje. Nos da imágenes para *perfink*. Ellas almacenan en nuestra mente un gabinete lleno de planos que nos ayudan a reconocer la arquitectura de la narrativa y a construir historias propias.

Una vez que somos capaces de hablar, las historias que nos cuentan responden nuestras preguntas sobre quiénes somos, de dónde venimos y por qué estamos aquí. Escuchamos historias sobre nuestra familia, sobre nuestra comunidad y sobre el mundo; y a través de ellas nos ubicamos en el tiempo y en el espacio y lentamente construimos identidades que llamamos por nuestro nombre.

Si queda alguna duda, basta practicar un juego muy simple con un conocido, alguien a quien no conozcamos muy bien: preguntémonos el uno al otro: "¿quién eres?", y hagamos más preguntas a medida que vamos contestando; particularmente la pregunta: "¿cómo lo sabes?" Tal vez quedaremos sorprendidos por lo difícil que es explicar quiénes somos sin contar una serie de anécdotas, fragmentos de historias, y por la frecuencia con la que contestamos —cuando nos preguntan: "¿cómo lo sabes?"— que alguien nos lo dijo —padres o abuelos, amigos o vecinos—. De hecho, si jugamos el tiempo suficiente, empezaremos a preguntarnos si no somos, sobre todo, las historias que contamos sobre nosotros mismos. ¡Si cambiamos las historias, cambiamos lo que somos!

Nuestro gusto por leer literatura está profundamente enraizado en esta experiencia con la narrativa oral, en qué tanto la necesitamos y cómo entendimos sus formas y sus medios. Las rimas y los cuentos infantiles, los relatos tradicionales y los cuentos de hadas, incluidas las fábulas, los mitos y las leyendas, y las bromas y fantasías que los niños se transmiten unos a otros: todo esto ayuda a formarnos como lectores.

Como he dicho, no sólo los niños pequeños disfrutan escuchando historias; también los niños más grandes y los adultos. Piense en esa popular forma de entretenimiento: las telenovelas. ¿Qué son sino una forma televisada de chisme ficticio? Piense en cómo, cuando visitamos a nuestros amigos, les gusta mostrarnos dónde viven y nos cuentan historias sobre su edificio y su calle, con aquel campo y ese río, esta persona y aquella familia. Piense en cómo, con frecuencia, nos explicamos nuestra vida cotidiana usando el lenguaje de los cuentos populares: *Cenicienta, La liebre y la tortuga, La Bella y la bestia* o *La gallina de los huevos de oro*. Piense en cómo los personajes ficticios habitan nuestro mundo como si fueran tan reales como nosotros: Robin Hood, Santa Claus, Cenicienta, Blanca Nieves. Piense por qué persistimos, contra toda evidencia, en considerar a los cerdos como glotones, a los zorros como astutos, a los osos como amigos cariñosos y a los borregos como estúpidos. Y por qué con tanta frecuencia las personas que dejaron de leer ficción cuando eran adolescentes, la retoman cuando se vuelven padres y, casi por instinto, comienzan a contarles a sus niños cuentos y rimas tradicionales.

Contar cuentos es indispensable para que las personas se conviertan en lectores, no importa cuál sea su edad. De hecho, la evidencia sugiere que los adolescentes a quienes no les gusta leer necesitan escuchar las viejas historias tanto como un aprendiz de lector de cinco o seis años, casi como una forma de ponerse al día antes de ir más lejos como lector. Es más, necesitan contar sus propias historias: las historias de su vida y las que han inventado, pues así recuperan lo que han olvidado o adquieren algo que nunca se les ofreció: un sentimiento hacia el relato que todos necesitamos para ser lectores autónomos que saben cómo jugar el rol de lector para darle sentido a la literatura.

Hay valores que el cuento oral comparte con la lectura en voz alta. Voy a ocuparme de ellos en el próximo capítulo, pero hay aquí algunas sugerencias prácticas:

Contar cuentos empieza con uno mismo

Todo adulto tiene sus cuentos favoritos según su experiencia personal. Compartirlos con los niños es una excelente manera de establecer una buena relación con ellos; luego, ellos querrán, a su vez, compartir los suyos. Y al mostrar no sólo la disposición, sino también el deseo por escuchar *sus* relatos, el adulto confirma que las historias de la vida de los niños sí importan, que son tan importantes, tan interesantes, tan valiosas como las historias inventadas por "autores" (la gente invisible que son los profesionales).

Las historias inventadas por los niños tienen la misma importancia y cuentan además con un valor agregado. Las historias de vida contienen su propia lógica; ocurrieron en una secuencia normada por una cronología real. Los relatos inventados, aun cuando usan la materia prima de la experiencia vivida, presentan desafíos narrativos. Los personajes y los incidentes tienen que inventarse, se debe organizar la trama, el narrador tiene que decidir entre el tiempo pasado o el presente, tercera o primera persona, si el narrador es un personaje dentro de la historia o un observador, el equilibrio entre diálogo y narración, etcétera.

Al volverse autores en este sentido, los niños tienen que echar mano de su experiencia con los relatos para resolver el problema de "cómo contarlo". Y practicar este arte eleva su nivel de interés en cómo lo hacen los otros, con el resultado de que ven la historia de modo diferente y leen diferente, con un interés más consciente tanto de la forma como del contenido. También comienzan a darse cuenta de que los lectores no son receptores pasivos sino co-constructores activos de las historias, que deben "llenar los huecos del narrador" —las indeterminaciones— dejados por el autor.

Aquí hay algunos ejemplos de indeterminaciones en álbumes ilustrados muy conocidos:

- En *Donde viven los monstruos*, de Maurice Sendak, el lector debe decidir dónde están los monstruos: ¿En la cabeza de Max mientras fantasea o en algún lugar "allá afuera", al cual él va? Si prefiere la primera interpretación, verá en *Donde viven los monstruos* una historia muy diferente a la que ve un lector que prefiere la segunda.
- En *Voces en el parque*, de Anthony Browne, el lector debe decidir qué hacen ahí todos esos artículos incongruentes diseminados a lo largo del libro: Mickey Mouse asomándose por encima de un muro, Santa Claus pateando una gran pelota roja, Charlie Chaplin en la fuente, por ejemplo. Lo que decida determinará su entendimiento del libro.
- En *Granpa*, de John Burningham, el lector debe reunir los fragmentos del diálogo sin la ayuda de comentarios narrativos y debe decidir qué significa la silla vacía al final del libro.

Sólo cuando hemos llenado estos huecos, y muchos otros como éstos que se encuentran en toda historia, no importa lo simple que pueda parecer, alcanzamos una comprensión de lo que se está diciendo y obtenemos un sentimiento de placer y satisfacción.

Los niños pueden hacer todo esto, aprender todo esto, escuchando historias y contando las propias desde muchos meses antes de que puedan leer o escribir. En efecto, hay investigaciones que sugieren que la facilidad y el progreso de un niño como lector de historias impresas dependerán de la riqueza de este periodo preparatorio.

ELABORE SU PROPIA COLECCIÓN
DE RELATOS FAVORITOS DE FUENTES ESCRITAS

Éstos serán principalmente de dos tipos:

- relatos en los cuales pueda improvisar, y
- relatos que se deben contar exactamente como están escritos.

Un ejemplo del primer tipo es *Cenicienta*. Se deben incluir determinados incidentes claves, pero no hay una manera definitiva de contar la historia. La narración puede ser corta o larga, cómica o romántica, naturalista o satírica de las actitudes sociales, etcétera. Muchos cuentos de hadas y populares son así: estructuras sobre las que puede bordar quien cuenta la historia. Algunos invitan a la improvisación pero contienen ciertos pasajes tradicionalmente respetados, sin los cuales el cuento no parece ser el mismo, como el de *Los tres cochinitos* en donde el lobo dice: "Soplaré y soplaré y soplaré y tu casa derribaré".

Otras historias están escritas con un estilo tan personal que contarlas de otra manera es eliminar su cualidad más esencial. *Los cuentos del conejo Pedro,* de Beatriz Potter, y *Los cuentos de así fue,* de Rudyard Kipling, entran en esta categoría. Si no queremos leerlos en voz alta, la única manera de "contarlos" es aprenderlos de memoria y repetirlos exactamente, como un pianista que interpreta una partitura. Lo que se deja al cuentacuentos es el ritmo de lectura, la entonación del diálogo y otros detalles así —como en la interpretación de una partitura—. Ahora bien, esto también se aplica a la lectura en voz alta. La diferencia es que cuando una historia es contada, la personalidad del "intérprete" tiene un impacto directo más fuerte en la audiencia que el que se tiene (o debería tenerse) que cuando se lee en voz alta. Las dos actividades no son lo mismo. Contar una historia es una actividad centrada en el intérprete y la audiencia; la lectura en voz alta es una actividad centrada en el texto. El giro de una a otra es importante y cambia la naturaleza de la experiencia de quien escucha.

Elija cuidadosamente: no todas las historias le van a todos los cuentacuentos

Algunas personas pueden ser naturalmente graciosas y otras no. Algunas son buenas para simular muchas voces y otras se sienten cómodas sólo con su propia voz, y aun así pueden de alguna manera lograr que todos los personajes suenen diferente. A algunos les gusta dramatizar un cuento, hacerlo teatral (y no pueden con las historias tranquilas, sutilmente sobrias), hay quienes prefieren el estilo íntimo de una conversación (de modo que no pueden con las historias muy formales que se deben contar en un estilo "animado").

Así como sería tedioso tener que ver siempre al mismo actor desempeñando todos los papeles, no importa lo inapropiados que sean para su naturaleza, es igualmente tedioso para los niños tener que escuchar a una misma persona contándoles cuentos durante, digamos, todo un ciclo escolar.

Deberíamos asegurarnos de que los niños escuchen relatos contados y leídos por diferentes personas. Ésta es sólo una razón entre otras para que los maestros de una escuela intercambien frecuentemente clases y grupos para sesiones de cuentacuentos y de lectura en voz alta.

Elija cuidadosamente: no todas las historias le van a todas las audiencias

¿Cómo saber qué historias contar? La respuesta es simple: por ensayo y error. Aunque, como en todos los oficios, vale la pena pedir consejo a quienes tienen experiencia.

Si usted se está haciendo cargo de un grupo que no conoce, empiece por preguntar qué historias les han contado en los últimos días (a los más pequeños), semanas (a los niños entre seis y ocho años), meses (a los mayores de ocho). Luego pregunte cuáles son sus favoritos. Esto es útil en dos sentidos.

Primero, si uno de los favoritos está en su propia lista, no hace ningún daño contarlo otra vez.

Segundo, lo que más disfrutamos es aquello que nos es lo suficientemente familiar como para hacernos sentir cómodos y, al mismo tiempo, es lo suficientemente desconocido como para excitarnos con su extrañeza —el suspenso de la sorpresa—. Saber qué historias le son familiares a una audiencia nos ayuda a seleccionar una nueva, similar a las que ya conocen, pero lo bastante extraña como para crear un interés fresco.

Al inicio de la sesión lea algunos cuentos cortos para que la audiencia se acostumbre a usted y para encaminarla en la dirección que va a tomar. Entonces, después de ese calentamiento, pase al plato fuerte del programa. El modelo se puede expresar así: "Hola, ¿cómo están hoy?... Veamos qué les parece esto... Ah, ¿les gustó, eh? Bien... Ahora ya los tengo, aquí vamos".

Si bien la base para contar cuentos son la improvisación y el ingenio, esto no significa que no necesite prepararse. Los intérpretes que se ven más relajados y espontáneos son, por lo general, aquellos que han planeado y ensayado con más cuidado su actividad. La confianza (de la que depende el éxito de una interpretación "espontánea") deviene de conocer su material tan bien que se sienta seguro.

Cada quien desarrolla una manera particular de prepararse, pero todos necesitamos comenzar por algún lado. Frances Clarke Sayers, una famosa cuentacuentos estadunidense, da algunos consejos sobre cómo empezar:

Una vez que ha elegido la historia que desea contar, léala una y otra y otra vez y después analícela ¿Qué es lo que le atrajo de ella? ¿El humor? ¿La ingenuidad de la trama? ¿Cuál es el tono? Aislar conscientemente el tono y el atractivo le servirá también para darle vida a su modo de contar el cuento.

¿Dónde está el clímax? Tome nota de esto mentalmente, de modo que pueda indicarle a los niños mediante una pausa o acelerando el paso el punto culminante del texto. Entonces léalo nuevamente una y otra vez. Luego fíjese si puede enlistar o repetirse mentalmente el orden de los sucesos de la historia, los puntos de quiebre de la acción en su secuencia correcta. Con todo esto en mente, lea nuevamente el relato, esta vez para buscar los giros que quiera recordar. Cuando los haya incorporado a su historia, repítasela en silencio, justo antes de irse a dormir por la noche o mientras viaja en autobús o en metro.

Cuando haya hecho todo esto, verá que la historia es suya para siempre. Pues aunque pueda llegar a olvidarla después de años de no leerla, si la ha dominado totalmente una sola lectura se la devolverá completa.[1]

~

---

[1] Frances Clarke Sayers, *Summoned by Books,* Viking, Nueva York, 1973.

10. La lectura en voz alta

No es fácil leer nosotros mismos lo que antes no hemos oído decir.

Aprendemos a leer juntándonos con los que saben cómo hacerlo e incorporando gradualmente todas sus habilidades. Este "préstamo de conciencia" del maestro al alumno constituye lo que Lev Vygotsky llama la "zona de desarrollo próxima".[1] Otra manera de decirlo es que el educando se convierte en aprendiz.

Liz Waterland es una maestra de niños de entre cinco y siete años de edad que tiene esta visión de la lectura. En su opúsculo *Read with Me*, describe cómo funciona en la práctica:

> Al principio el adulto lee toda la historia, cuando el niño aún no puede leer, luego el niño pondrá las palabras que sabe y el adulto leerá el resto, más tarde el niño tomará el control de la lectura. Todo esto, al inicio, con un texto conocido, mientras el niño poco a poco aprende a hablar de una forma que le es familiar, hasta que finalmente adquiere suficiente vocabulario como para abordar un nuevo texto (aunque todavía con un adulto cerca que lo ayude si es necesario). Esto definitivamente contradice la idea de que hay libros "demasiado difíciles" para un niño o que se necesita algún tipo de codificación por colo-

---

[1] Lev Vygotsky, citado por Jerome Bruner en *Realidad mental y mundos posibles*, Gedisa, Barcelona, 2001.

res, pues el niño se puede comportar como un lector sea cual sea la complejidad del texto, y el adulto se hará cargo de lo que el niño no pueda manejar. Uno no les dice a los niños que empiezan a hablar: "No puedes tratar de decir un palabra de tres sílabas hasta que digas bien todas las palabras de dos". Cuando un niño trata de decir "vegetal", lo aplaudimos, no lo frenamos, ni siquiera cuando la palabra se convierte en "vetal".[2]

La cuestión aquí es: ¿cuál es la tarea del maestro? Formar a los aprendices de lectores no difiere de lo que un maestro capacitado hace en cualquier otra actividad de aprendizaje. Jerome Bruner, un psicólogo educativo, lo sintetiza así:

Para empezar, era ella [la maestra] la que controlaba el centro de atención. Era ella quien, con una presentación lenta y a menudo dramatizada, demostraba que la tarea era posible. Era ella la que tenía el monopolio de lo que iba a suceder. Ella mantenía las partes de la tarea en las que trabajaba el niño en un nivel de complejidad y magnitud adecuado a las facultades de éste. Presentaba las cosas de una manera que el niño podía descubrir una solución y realizarla luego, aun cuando no pudiera hacerla por su cuenta ni seguir la solución cuando sólo se le *decía* cómo hacerla. En este sentido, aprovechó la "zona" que existe entre lo que las personas pueden descubrir o comprender cuando se les presenta algo frente a ellas y lo que pueden generar por su propia cuenta, y ésa es la "zona de desarrollo próxima" o ZDP. En general, la instructora *hacía* lo que el niño *no* podía hacer. Por lo demás, presentaba las cosas de modo que el niño pudiera hacer *con* ella lo que simplemente no podía hacer *sin* ella. Y a medida que avanzaba el proceso de instruc-

---

[2] Liz Waterland, *Read with Me. An Apprenticeship Approach to Reading*, 2ª edición, Thimble Press, 1988.

ción, el niño iba asumiendo partes de la tarea que al principio no podía hacer pero que, al dominarlas, llegó a ser capaz de ejecutar bajo su propio control. Y ella se las cedió con alegría.[3]

Leer en voz alta a los niños es esencial para ayudarlos a convertirse en lectores. Y es un error suponer que este tipo de lectura sólo es necesario en las primeras etapas (el periodo que la gente tiende a llamar "de aprender a leer"). De hecho, tiene tal valor —aprender a leer es un proceso tan de largo plazo que el pedazo que llamamos "aprender" es una parte muy pequeña de él—, que *leer en voz alta es necesario durante todos los años de escuela.*

Idealmente, todos los niños deberían escuchar cada día algo de literatura leída en voz alta. Ciertamente, ninguna maestra podría ser considerada competente si no garantiza que esto suceda con los niños a su cargo. Puede que ella misma no les lea en voz alta cada día, pero entonces debe asegurarse de que alguien lo haga.

¿Por qué es tan importante la lectura en voz alta? Al menos, por las siguientes razones:

Aprender cómo funciona

Cada vez que oímos una historia o un poema o cualquier otro tipo de escrito leído en voz alta, adquirimos un nuevo ejemplo de cómo "trabaja" ese tipo de texto, cómo está construido, qué esperar de él, etcétera. En otras palabras, escuchar libros leídos en voz alta nos prepara para lo que podemos encontrar y para lo que debemos buscar cuando desempeñemos la tarea, más difícil, de leer por nuestra cuenta la letra impresa.

---

[3] Jerome Bruner, *Realidad mental y mundos posibles,* Gedisa, Barcelona, 2001.

Al escuchar a otra persona leyendo en voz alta, depositamos en ella la responsabilidad; no sentimos que es nuestro deber conquistar el texto, sino que quien lee debe mantener nuestra atención a través de lo que hace con él. De modo que nos relajamos, no nos sentimos amenazados, estamos protegidos por la competencia del intérprete. Y mientras escuchamos nos vamos acostumbrando al *texto,* no a la letra impresa en sí (que es lo que usualmente se conoce como texto), sino a la experiencia del relato o poema en sí como lo percibimos en nuestra cabeza (lo que llamo *texto*). Cuando llega el momento de abordar la letra impresa por nosotros mismos, estamos preparados para aquello que nos comunica. Ya sabemos qué tipo de *texto* yace en el lenguaje del texto. (De hecho, finalmente somos capaces de emprender la lectura de un texto por nuestra cuenta *porque* sabemos qué esperamos que provoque en nosotros y qué debemos hacer con él.)

Éste es el proceso de "apoderamiento" que describen Liz Waterland y Jerome Bruner. Y esto no puede suceder si no es a través de la lectura en voz alta. ¿Por qué? Por esta razón:

Descubrir el drama de la letra impresa

¿Cómo aprendemos que las marcas en el papel no son sólo formas de representar palabras con significados salidos del diccionario, sino que pueden también producir un tipo de magia? Si sabemos cómo, podemos descubrir en ellas personas que hablan, eventos que se suceden, ideas que nunca nos hemos encontrado antes. Nos pueden atemorizar o divertir, nos pueden hacer sentir tristes o felices, pueden fortalecernos y refrescarnos. No es extraño que a los no lectores les parezca difícil entender qué es lo que los lectores reciben de un texto impreso y cómo lo obtienen, y a veces piensan que la lectura, o al menos la lectura de literatura, es un misterio.

La única respuesta es que aquellos que saben cómo poner a funcionar la magia les muestren cómo sucede a los que no lo saben. El problema con la letra impresa es que al darle vida, los resultados se dan dentro de la cabeza del lector. No se pueden sacar y desplegar. Lo más cerca que podemos llegar es a leer en voz alta de tal manera que los oyentes tengan la sensación del drama que, como lectores, hemos encontrado en un párrafo escrito.

Toda escritura es una especie de obra teatral. Para disfrutar una historia o un poema, debemos saber cómo convertir la palabra impresa en acción, en el sonido de ideas y conversaciones entre personajes, mientras damos a cada "escena", a cada secuencia, el ritmo correcto (lento o rápido o con una pausa) para convertir la información impresa en un drama vivo.

Descubrimos cómo hacerlo cuando escuchamos a alguien dándole vida a un texto impreso mediante la lectura en voz alta, cuando observamos cómo se usan los signos de puntuación y el ritmo de la estructura de las oraciones para hacer avanzar la historia.

Esto significa que quienes están aprendiendo a escuchar, con frecuencia necesitan una copia del texto mientras escuchan. A veces prefieren escuchar primero e ir después al texto para leerlo solos. Tal vez lo que sucede entonces es que vuelven a reproducir en su cabeza lo que recuerdan de lo que han oído y, de esta manera, comprenden lo que hacen los buenos lectores. Ésta es una razón por la que tan a menudo, después de escuchar una historia que les gustó, los niños piden un ejemplar para verlo.

Una cosa más. Cuando escuchamos a otras personas leyendo en voz alta, aprendemos sobre interpretación. Las diferentes lecturas en voz alta de un mismo texto muestran claramente que lo que hacen los lectores es interpretar. Es por esto que las lecturas repetidas de un texto son, al mismo tiempo, útiles y placenteras. Esto es más fácil de hacer con la poesía, porque los poemas tienden a ser cortos y se pueden repetir, interpretándose de forma diferente, tres o cuatro veces en una misma sesión. En efecto, es una marca distintiva de los mejores escritos literarios, tanto en prosa como en poesía, que necesitemos releerlos antes de que podamos extraer lo más posible de ellos: el máximo entendimiento y el máximo placer.

Los álbumes ilustrados son invaluables para esta conexión, porque cada álbum ilustrado es en sí mismo una interpretación de un texto. Las ilustraciones no sólo se suman a las palabras para completar la historia, sino que son también una interpretación visual del *texto* que el artista "vio" en su cabeza. Por esta razón, el álbum ilustrado es la forma natural de literatura para lectores primerizos, cualquiera que sea su edad: un teatro de la imaginación en forma de libro, que nos muestra cómo funciona la mente de los lectores mientras leen.

"Dificultad"

A cualquier edad, como niños o como adultos, somos capaces de escuchar con placer y entendimiento un lenguaje que en forma impresa nos resulta demasiado difícil de manejar. El desarrollo de la lectura, como cualquier desarrollo humano, ocurre solamente si nos esforzamos deliberadamente por conseguir algo que no está del todo a nuestro alcance. Escuchar lo que aún no podemos leer solos nos pone ante textos que tal vez queramos abordar.

No menos importante es que, al escuchar historias, llegamos a poseer textos que quizá nunca podríamos alcanzar de otra manera. Dentro de nuestra comunidad, somos más iguales como oyentes de lo que nunca podríamos ser como lectores. Una de las cosas que logra la maestra al prestar su conciencia como lectora en voz alta de textos que los estudiantes aún no pueden —o nunca podrán— hacer suyos de otra manera (véase las páginas 75 a 77), es hacer accesible la experiencia de lo "muy difícil". Esto, en sí mismo, hace que la lectura en voz alta sea esencial.

La elección estimulante

Aquellos que lo han intentado, saben que una de las mejores maneras de animar a los niños a leer libros que de otra manera podrían ignorar es leerles fragmentos o, incluso, el libro completo, en voz alta.

Aquí se presentan algunas formas para hacerlo:

- Se lee una historia completa de una sentada. Después, puede no decirse nada o quizá se dé espontáneamente una discusión o puede haber una conversación más formal guiada por el maestro. Algunos relatos parecen provocar la necesidad de hablar de ellos, otros tienen el efecto contrario. El maestro debe ser sensible a esto y a las necesidades de los niños. Lo principal es la experiencia y el disfrute del relato.
- Se compila una breve selección de cuentos, poemas, fragmentos de prosa y se lee como una antología, ya sea por un lector o por un grupo de lectores. Entre cada obra puede haber un breve interludio o comentario vinculante o cualquier otra cosa que parezca apropiada. Este formato es ideal para festivales, tardes con los padres,

encuentros en la escuela y otras ocasiones especiales en las que grupos de niños pueden dar una función preparada de lecturas, como entretenimiento.

Un ejemplo: un grupo de niños de diez años se interesó por la poesía de Charles Causley, a quien consideraron un escritor muy autobiográfico. Decidieron preparar un programa sobre él para la asamblea matutina de la escuela. Seleccionaron cerca de diez poemas, cada uno de los cuales hablaba sobre una época significativa de su vida: su infancia en "By St. Thomas Water", "Convoy" para su tiempo en la Armada Real durante la segunda Guerra Mundial, "Timothy Winters" y "My Mother Saw a Dancing Bear" para su trabajo de maestro, "I Saw a Jolly Hunter" para representar su sentido del humor, "Mary Mary Magdalene" para comunicar su amor por su pueblo natal, Lauceston, en Cornwall, así como su fuerte sentido de la religiosidad y el misterio, etcétera. Los poemas se vinculaban por medio de una narración sobre la vida y la personalidad de Causley. Con el guión (poemas y comentarios) se hizo un libro (recuerdo que usaron un álbum fotográfico) ilustrado con dibujos que acompañaban los poemas. Luego de la presentación, el libro se integró a la biblioteca de la escuela, donde fue muy disfrutado. La presentación en la asamblea y el libro resultante llevaron a muchos otros niños de la escuela a leer los poemas de Causley por iniciativa propia.

- Se lee parte de una novela o texto largo para abrir el apetito. El fragmento elegido debe tener unidad en sí mismo, de modo que escucharlo sea satisfactorio en sí mismo, pero sin que descubra las mejores sorpresas del libro.
- Se lee una historia por partes durante algunos días. Idealmente, el tiempo entre episodios no debe ser muy

largo. Algunos libros se prestan mejor que otros para este tipo de tratamiento.

- Se pueden recitar poemas cortos en cualquier momento, en los intervalos entre una actividad y otra, por ejemplo. Pero debe haber tiempos apartados especialmente para escuchar poesía, aunque sean cinco o diez minutos al día. Conozco maestros que han establecido una rutina durante el día para que cualquier niño apunte su nombre para leer un poema al final de la jornada, justo antes de que todos se vayan a casa. Los niños dedican algunos minutos a ensayar su lectura para no estropear el poema o cometer alguna equivocación. Cuando llega el momento, cada lector lee el poema que eligió, de modo que el día termina con una especie de celebración, una antología de versos para disfrutar. Esto no toma más de diez minutos y es una práctica admirable.

- Lecturas dramatizadas. Un grupo de personas —adultos o niños, o una combinación de ambos— prepara un texto para varias voces, lo ensayan juntos y luego lo "interpretan", tal vez con un uso mínimo de vestuario y accesorios, efectos de sonido y música para agregar un toque teatral: un sombrero, una capa, un vestido adecuado, una cacerola, cualquier cosa apropiada para la historia que ayude a subrayar un punto. Por lo general, cuando se dramatizan historias de esta manera, el guionista incluye un narrador y reparte el diálogo de los diferentes personajes entre los miembros del grupo; algunos pueden interpretar dos papeles si es necesario. Desde luego, todo esto puede hacerse como una obra de teatro a gran escala.

Un momento de encuentro

Uno de los aspectos más obvios pero más notables de la lectura en voz alta es su efecto de vincular socialmente. Aquellos que leen juntos sienten que pertenecen a una comunidad, pues nada une más que compartir experiencias imaginarias; y se sienten físicamente unidos, porque la lectura en voz alta es esencialmente una actividad doméstica, familiar.

Todo aquel que le ha leído a niños pequeños sabe que esto es verdad. Los niños se sientan cerca unos de otros, con frecuencia abrazando a la maestra o al lector. Se relajan y se dejan llevar. Al tiempo que escuchan, disfrutan de la seguridad de pertenecer. Después usan palabras, frases, ideas, personajes de la historia en su propia conversación: puntos de referencia lingüística, marcas personales que, para aquellos que compartieron la experiencia, dicen mucho más de lo que otros pueden imaginar.

Así se construye la identidad cultural. Desde luego, tanto contar cuentos como leer en voz alta juegan un papel, cada uno de diferente manera.

Contar cuentos y leer en voz alta: sus diferencias

Contar cuentos es mucho más una relación de un narrador *hablándole* al oyente. Es como una conversación; se siente personal, como si quien narra le diera al oyente algo de sí mismo.

Al leer en voz alta, el libro literalmente *objetiva* la experiencia. En este caso la relación es más como de dos personas que comparten algo que está fuera de ellos mismos. No son oyente y narrador mirándose uno al otro, sino lector y escucha, lado a lado, mirando juntos algo más.

Al leer en voz alta, la comunicación se realiza siempre a

través de palabras e imágenes impresas provenientes de la figura no visible, por lo general desconocida, del autor. Este autor, esta persona que no está presente, tiene algo que ofrecernos. Simplemente ocurre que uno de nosotros es el lector. Pero todos, incluyendo el lector, somos receptores de lo que nos da la historia.

Contar cuentos tiende a lo emocionalmente dramático; leer en voz alta tiende a la contemplación reflexiva.

Contar cuentos tiende al placer de la diversión; leer en voz alta tiende al placer del autorreconocimiento.

Contar cuentos tiende al grupo hermético, conspirativo, exclusivo, limitado por los poderes de aquellos que se sientan juntos; la lectura en voz alta tiende a lo permeable, a la mirada hacia fuera, al grupo inclusivo, cuyos poderes se expanden por la suma de aquellos en el texto: poderes del lenguaje, del pensamiento, del otro que no está allí.

Contar cuentos es culturalmente afirmativo; leer en voz alta es culturalmente generativo.

Estas distinciones requieren otro libro para ser analizadas. Aquí sólo se apuntan como temas para la discusión.

En la práctica

Tiempo para escuchar

Si contar un cuento demanda más del intérprete, la lectura en voz alta demanda más del escucha.

Para empezar, leer en voz alta es un arte menos conversacional, una comunicación menos directa entre el que narra y el que escucha. En el lenguaje escrito, el significado por lo general está más compactado, las oraciones están construidas más densamente que en el habla.

Además, con frecuencia las palabras impresas deben ser vistas para que el lector pueda captar su doble sentido. A veces la manera en que se disponen en la página es importante para su entendimiento. Al contar cuentos, el intérprete puede explicar y repetir y cortar y editar a medida que avanza, y hace que todo esto parezca parte de la historia. El que lee en voz alta no puede adaptarse tan fácilmente a la audiencia. Tiene un texto *autorizado* que seguir. Explicar y cambiar a medida que lee podría arruinarlo. Por eso, el que escucha necesita más tiempo para capturar el significado y entender qué está sucediendo. La lectura en voz alta, por lo tanto, con frecuencia debe ser *más lenta* que el contar cuentos.

TIEMPO PARA MIRAR

Debido a que la fuente de la lectura en voz alta es un texto visible, a los aprendices de lectores (de todas las edades, pero en especial los niños más pequeños) con frecuencia les gusta mirar el libro y al lector, mientras escuchan. Y, con frecuencia, cuando han disfrutado de una historia quieren oírla otra vez o leerla por su cuenta. Cuando se planea una lectura, hay que tomar en cuenta estos impulsos. ¿Cómo puede mostrarle el texto a los oyentes si quieren verlo? ¿Habrá ejemplares disponibles si luego lo quieren leer?

TIEMPO PARA PREPARARSE

Nunca les lea un cuento a los niños hasta que no lo haya leído usted mismo. ¿Por qué? Primero, si no sabe lo que sigue, podría fácilmente encontrarse leyendo algo incómodo o inadecuado. Segundo, muy pocas personas son tan buenas leyendo a primera vista como para hacerlo sin preparación, lo que significa más que una lectura previa, en silencio, del texto.

El lenguaje que puede parecer muy fácil en la cabeza se puede volver muy engañoso al leerlo en voz alta. De modo que hay que leer en voz alta para uno mismo antes de leer para los demás.

Por supuesto, una selección cuidadosa de los textos apropiados para su audiencia es esencial. Si selecciona y se prepara bien, puede relajarse durante la narración, entregándose a las palabras, disfrutándolas tanto como espera que lo haga la audiencia. Y después puede permitir que la sesión se desarrolle naturalmente, pues pase lo que pase, se sentirá seguro con el "guión". Ya se trate de hablar o escuchar, de permitir o no las interrupciones, de hacer pausas o seguir adelante, de suspender la lectura antes de lo esperado o dejar que se extienda más; todo se resolverá de acuerdo con la disposición del público y las necesidades del momento.

Todo esto —escribió Frances Clarke Sayers, respaldada por personas con una larga experiencia leyendo en voz alta—, demanda una gran inversión de tiempo. No obstante, difícilmente alguna otra inversión o alguna otra área de estudio produce un medio tan poderoso para hacer que la literatura cobre vida para los niños.[4]

~

[4] Frances Clarke Sayers, *Summoned by Books*, Viking, Nueva York, 1973.

11. Poseer libros

Los lectores apasionados tienden a ser compradores de libros.

Nos gusta poseer ejemplares de los libros que son más significativos para nosotros. Tenerlos nos permite releerlos cada vez que queramos, nos ayuda a recordar qué hay en ellos. Verlos en nuestros libreros y manipularlos de vez en cuando nos causa placer, pues los libros son objetos hermosos: piezas de escultura móvil que es bueno mirar y que tienen una forma, un peso, una textura y un olor agradables.

Por más de doscientos años, desde mediados del siglo XVIII, los padres educados han comprado libros para sus hijos porque saben lo importante que es poseerlos. Desde mediados del siglo XX, un número cada vez mayor de maestros se ha dado cuenta de que facilitar la compra de libros a los niños tiene que ser parte de su trabajo, pues la compra de libros contribuye a un ambiente sano de lectura. ¿Por qué? Porque la mayoría de los hogares no cuentan con una buena librería para niños cercana. Porque muchos niños tienen padres que no compran libros y se sienten intimidados en las librerías. Porque una comunidad escolar (maestros, padres, niños) puede controlar la selección de libros en venta según sus necesidades y punto de vista, en vez de estar sujeta a la selección de un proveedor comercial. Porque administrar su propia y pequeña empresa de venta de libros puede reunir a los padres, maestros y niños en una valiosa relación social y de trabajo, muy diferente a otras muchas actividades escolares.

La venta de libros en la escuela

Existen opiniones diversas acerca de cuál es el mejor método. Cada escuela debe decidir cuál se ajusta mejor a sus circunstancias particulares y al nivel de desarrollo de su ambiente de lectura. Un consejo útil: permita que la venta de libros vaya creciendo poco a poco.

Existen cuatro métodos bien probados:

- unirse a un club comercial de libros;
- instalar un puesto de libros;
- instalar una librería completa, en pequeña escala;
- montar una feria del libro ocasional.

También es útil hablar con maestros que tengan experiencia en la venta de libros en las escuelas de su propia localidad. Ellos conocen los obstáculos y las dificultades y pueden brindarle consejo cuando lo necesite.

Administrar un negocio de venta de libros no es fácil; no intente comenzar uno sin haberlo acordado antes con el director y el resto del equipo de trabajo.

Los clubes de libros

Por lo general, son sistemas de compra por correo, tales como el Puffin Book Club.[1] La escuela recibe regularmente folletos por correo. Algunos clubes también mandan ejemplares de libros seleccionados para la venta, otros no.

Este sistema tiene la ventaja de ser comparativamente fá-

---

[1] Este sistema sólo funciona en Gran Bretaña. Para una rápida referencia acerca de cómo se organiza y qué ofrece, consulte www.puffinbookclub.co.uk. [N. E.]

cil de manejar, involucra la menor responsabilidad para los maestros que lo organizan y se puede detener rápidamente si no tiene éxito.

Las desventajas son: la selección se limita a muy pocos libros; la frecuencia de las ventas depende del proveedor; la escuela no tiene control sobre la selección que se ofrece; y cuando los niños no tienen la posibilidad de ver antes de comprar, puede haber decepciones.

En general, éste es el método menos satisfactorio, y se adapta mejor a las escuelas que no quieren verse demasiado involucradas en la venta de libros.

El puesto de libros y la librería de la escuela

Tanto un puesto de libros como una tienda permanente funcionan, en general, de la misma manera.

Se establece un acuerdo con una librería local o nacional o un proveedor especializado de librerías escolares, por medio del cual la escuela se vuelve una sucursal de la librería; ésta es responsable de proveer los libros. La escuela se encarga de la administración cotidiana, establece los horarios, atiende el mostrador, está al tanto de las existencias, informa al proveedor sobre nuevos pedidos y lleva la contabilidad.

Para que el sistema funcione bien, debe existir una estrecha cooperación entre la escuela y la librería, bajo el entendido de que no habrá muchas ganancias para ninguna de las partes. La librería le hará un pequeño descuento a la escuela (por lo general de diez por ciento) sobre los libros vendidos, pero las ventas dependen de la disposición de los maestros. Todo el movimiento de ventas en la escuela está basado en el principio educativo y no en la expectativa comercial: al vender libros en las escuelas logramos que los niños se vuelvan lectores ávidos que, en su vida adulta, serán clientes asiduos de las buenas librerías.

Algunas escuelas manejan el tipo más sencillo de librería: el puesto de libros, con frecuencia no más que un aparador móvil con un par de cientos de libros que se ponen a la venta cada una o dos semanas. Otras escuelas ponen mesas en un aula o en el vestíbulo una o dos veces a la semana. Alumnos ("asistentes de la librería"), supervisados por maestros, acomodan los libros y anuncian los horarios de atención. Después, los libros deben guardarse en un librero seguro. Las escuelas más comprometidas adaptan una habitación como librería permanente, una empresa que requiere el entusiasmo sostenido del personal, los alumnos y los padres.

Independientemente de qué tan rudimentaria o avanzada sea la instalación y sin importar qué edad tienen los niños involucrados, los siguientes aspectos deben tomarse en cuenta:

1. Más de un miembro del personal debe asumir la responsabilidad de la organización. Alternativamente, y tal vez sea lo mejor, un miembro del personal junto con un par de padres deben estar a cargo. La tarea es excesiva para una sola persona: hay dinero involucrado y una relación comercial con el proveedor, así que la organización no debe ser al azar ni descuidada. Si sólo hay un organizador, su ausencia de la escuela significa que se pueden cometer errores o que la tienda no pueda abrir. Y si el organizador abandona la escuela, probablemente la tienda cerrará definitivamente; todo el valor que tiene el que una escuela administre su propia librería descansa en la permanencia y la regularidad de su servicio.

2. Las responsabilidades que comparten la escuela y su proveedor de libros deben quedar claramente definidas desde el inicio. Sea lo que sea que se acuerde, una cosa debe garantizarse: que la escuela tiene la última palabra en lo que se refiere a la

elección de los libros por vender. Un buen proveedor sabe qué libros se venden y qué nuevos libros están disponibles, pero la escuela debe ser la responsable de lo que le ofrece a sus niños.

3. Los maestros, sin embargo, no deben tomar, ellos solos, decisiones sobre la dotación de libros. Deben considerar los puntos de vista de los niños y los padres. Ellos también deberían comprometerse con el manejo de la empresa. Esto se puede hacer formando un grupo de administración de la librería. Cada grupo puede enviar una lista mensual de sugerencias después de discutirla durante las horas de clase. La preparación de carteles publicitarios, la publicación del folleto de novedades de la librería, ayudar a organizar y atender a los autores visitantes u otros invitados; siempre hay muchas formas en las que niños y padres pueden participar.

4. La buena publicidad es esencial para el éxito.

- Se debe informar con tiempo sobre el horario de servicio.
- Carteles, hechos por los alumnos o el personal u obtenidos de los editores y otras fuentes ayudarán a llamar la atención hacia la tienda y hacia libros específicos.
- Los exhibidores pueden mostrar portadas de libros, fotografías de autores, el trabajo realizado por los alumnos en relación con un libro, etcétera.
- Las actividades organizadas por la tienda (ferias del libro, visitas de autores y otras parecidas) ayudan a mantener vivo el interés.
- Se pueden organizar promociones para ayudar a los niños a ahorrar para los libros que quieran comprar.
- La tienda puede diseñar sus propios "vales de libros"; certificados de regalo que sólo se pueden cambiar en la tienda de la escuela.
- La tienda debe estar abierta en cada actividad importante de la escuela, como representaciones de teatro, con-

ciertos, competencias deportivas o reuniones de padres y maestros.

5. Con mucha frecuencia, una librería escolar abre con una gran demanda, que disminuye tras unas pocas semanas, cuando ya no es una novedad. Esto no es señal de fracaso, es normal. Sin embargo, el objetivo debe ser vender a un ritmo continuo a tantos niños como sea posible. De modo que conformarse con una clientela modesta y regular no es suficiente.

El interés inicial debe consolidarse tan pronto como sea posible. El personal de la librería tiene que buscar constantemente formas de mantener y estimular ese interés. Los trucos publicitarios entretienen por un tiempo, pero por lo general no tienen resultados de largo plazo. Mucho más efectivas son tácticas como dedicar semanas a un tema o autor o tipo de libro. Una cada tres semanas ayuda a impulsar las ventas. Un equipo entusiasta puede pensar en una gran cantidad de ideas.

6. Obviamente, el trabajo en la librería debe ir acompañado por el trabajo en la biblioteca de la escuela, de modo que se fortalezcan mutuamente. Claro que también hay ventajas en manejarlas como asuntos separados: una mayor parte de la comunidad puede participar. No puedo dejar de enfatizar suficientemente la influencia que tiene en la formación de lectores su participación en la organización de los libros y en las actividades que los rodean.

FERIAS DEL LIBRO

Estas ocasiones son fructíferas. Niños, personal, padres, vecinos, todos son invitados a ayudar y asistir, unirse a los espectáculos y comprar libros. En Gran Bretaña se llevan a cabo, sobre todo, durante la semana del libro para niños (por lo general en octubre), antes de navidad o de las vacaciones (para ayudar a promover la lectura cuando la escuela está cerrada). Una vez más, una cuidadosa planificación produce dividendos y se necesita mucho tiempo y muchos colaboradores.

Estos son algunos de los principales elementos que hay que tener en cuenta:

1. *Tiempo.* Una feria no se puede montar en pocos días. La decisión se debe tomar por lo menos tres meses antes, dando tiempo para conseguir colaboradores, hacer los arreglos para contar con los libros, preparar la publicidad, fabricar exhibidores o aparadores y conseguir invitados especiales.

La duración de la feria depende de muchos factores. En una tarde-noche, una pequeña escuela rural puede hacer por su comunidad lo que a una escuela preparatoria de una gran ciudad le tomaría al menos una semana. El objetivo debe ser proporcionar el tiempo suficiente para que cada niño y cada padre hojeen y compren. Esto significa que durante el día los grupos de niños recorran la feria, disfrutando de los espectáculos (pláticas con autores, sesiones de cuentacuentos y otras por el estilo), comprando si lo desean o haciendo una lista de los libros que les gustaría que sus padres les compraran. En las tardes, y tal vez todo el sábado, la feria estaría abierta para los padres y las personas que no pueden asistir a otras horas.

2. *Lugar.* Debe haber mucho espacio para exhibir los libros en forma atractiva y para que la gente se mueva entre ellos sin sentirse atrapada. Los vestíbulos de las escuelas son los sitios por excelencia. Si es necesario, se puede usar más de un cuarto, pero deben estar juntos, accesibles y, de preferencia, en la planta baja. Carteles grandes y claros deben indicar qué hay y en dónde. Debe haber estacionamiento y baños, y señalar claramente su ubicación.

3. *Abastecimiento de libros.* Hay compañías que se especia-

lizan en proveer de libros a las ferias escolares, pero es mejor comenzar invitando a participar al librero local.

4. *Publicidad.* Es muy importante y cuanta más, mejor. Maestros, niños y padres deben conocer con detalle lo que sucederá al menos con un mes de anticipación y, después del primer aviso, debe haber un acrecentamiento gradual de las expectativas haciendo circular un detallado programa de información sobre las actividades y atracciones. La publicidad dirigida a los vecinos debe comenzar a distribuirse tres o cuatro semanas antes de la feria.

Se deben ofrecer carteles realizados en la escuela a los comercios, bancos, edificios de oficinas, librerías, centros de salud, etcétera.

Circulares dirigidas a los padres, con las fechas, horas y actividades, deben enviarse diez días antes de la feria.

La prensa, la radio y la televisión locales se interesarán y harán publicidad a la feria, especialmente si se les da un "gancho": una historia sobre un autor invitado o sobre otro aspecto atractivo de la feria. Haga un "día de prensa" justo antes de la inauguración, para mostrar las exhibiciones a los fotógrafos y reporteros.

5. *Distribución.* Planee el acomodo con mucha anticipación, de modo que sepa exactamente cuántos libros puede mostrar. Recuerde que los niños no pueden alcanzar estantes muy altos, y que a algunos adultos se les dificulta agacharse a los estantes muy bajos. Los libros pueden estar acomodados por tipo, por ejemplo, o por tema o por autor o al azar. Sea cual sea el orden, siempre trate de poner los libros de frente, no apretados mostrando sólo los lomos. Naturalmente, la gente querrá tomar los libros, lo que implica que pueden desordenarse fácilmente. Los niños o adultos que estén ayudando deben distribuirse en secciones, para cuidarlas (¡y mantener los ojos bien abiertos por los ladrones!)

6. *Administración de las ventas.* Busque asesoría profesional de asociaciones especializadas o de su librero local sobre la mejor manera de acomodar los libros para su exhibición, cómo registrar el dinero que ingresa y cómo estar seguro del inventario de los libros no vendidos.

7. *Actividades paralelas.* Éstas atraen gente a la feria, pero no deben distraerla de los libros. Algunas de las más probadas son:

- *Charlas* de autores, ilustradores, editores, libreros u otros especialistas. Se deben convenir previamente los horarios y anunciarlas con anticipación para asegurar una buena asistencia. Se deben pagar honorarios y gastos, acordados de antemano (véase el capítulo 12, "Invitados célebres").
- *La narración de cuentos y la lectura en voz alta* pueden hacerse en una habitación junto a la exhibición principal. Libreros, maestros, padres, los propios niños o personas que sepan hacerlo: los intérpretes deben ser tan variados como sea posible.
- *La exhibición de películas y diapositivas* relacionadas con los libros siempre son populares. Pero no deben ser tan largas que la gente se quede allí todo el tiempo y nunca visite los libros.
- *Las maquetas y los exhibidores* hechos por los niños siempre son apreciados.
- *Las obras teatrales y musicales*, en presentaciones breves preparadas por los niños o por compañías invitadas, son también populares. Si están relacionadas con los libros, mucho mejor.
- *Los refrigerios* son generalmente necesarios si la feria está abierta a todo público y, con frecuencia, resultan ser la parte que deja más ganancias.

8. Seguimiento. Al final de la feria queda mucho trabajo por hacer ordenando los libros que quedaron y regresándolos, verificando las ventas, desarmando los aparadores y las exhibiciones y limpiando todo.

Una vez esto termina y todos han tenido tiempo para pensar, debe realizarse un examen post mórtem con todos los colaboradores clave, para discutir lo que pasó y cómo se podría mejorar la próxima vez. Sería conveniente que toda la escuela tuviera oportunidad de expresar sus opiniones e ideas, y los maestros deberían estimular a sus alumnos a que conversen sobre los libros que compraron y leyeron, como un modo de consolidar y fortalecer el efecto sobre ellos como lectores.

Una feria del libro es una gran ocasión y así se debe ver. Tiene que presentarse coloridamente y excitar el interés de visitarla. Sin embargo, como una herramienta para estimular la compra de libros y la lectura, las ferias sólo son realmente útiles si se llevan a cabo al menos una vez cada ciclo escolar. Idealmente, deben apoyar y reforzar el trabajo regular de una librería o puesto de libros.

~

12. Invitados célebres

Conocer autores e ilustradores cierra la brecha entre los niños y los libros como ninguna otra experiencia puede hacerlo.

Una niña pequeña me preguntó una vez: "¿Las personas reales escriben libros?" Responder esa pregunta es tal vez la principal razón por la que a la mayoría de las personas, no sólo niños, les gusta conocer a los individuos que hacen los libros que les gusta leer. La fría letra impresa adopta un rostro humano. Ciertamente, toda la evidencia que tenemos —lo que nos dicen los niños al final de las actividades, el incremento de las ventas y los préstamos, los textos que los niños escriben para sí mismos, lo que reportan los editores— sugiere que los autores e ilustradores son estrellas entre quienes ayudan a los niños a convertirse en lectores.

Y los beneficios no se dan en un solo sentido. Los escritores e ilustradores obtienen mucho a cambio. Aprenden de su público, que los ayuda a mantenerse en contacto con los lectores reales. Los hace justificar su trabajo, pues los niños son inquisidores desinhibidos de cada detalle de la obra. Y se divierten un poco: es un descanso de uno o dos días de lo que es, en realidad, un trabajo solitario.

Muchas escuelas organizan visitas de autores e ilustradores dos o tres veces al año, y reciben también a otros invitados especiales, porque no sólo los creadores pueden jugar este papel. Los editores, impresores, libreros, bibliotecarios y cuentacuentos profesionales ayudan a los niños a descubrir la variedad de oficios que hay en la formación de los libros y las diversas formas de disfrutarlos.

Aunque hay problemas prácticos que es necesario atender.

Elegir al invitado

A veces, hacer una elección es fácil. Por ejemplo, cuando hay un escritor local bien conocido o cuando los bibliotecarios de la zona ofrecen la visita de un ilustrador que está de paseo por el lugar. En esos casos, alguien (usted mismo, el bibliotecario) conoce de antemano al visitante y puede juzgar si él o ella tendrá éxito con los niños. El solo hecho de que los libros de un escritor o escritora sean populares o muy admirados por los críticos no implica que vaya a tener éxito como celebridad invitada. De modo que antes de invitar a alguien que no conoce, es mejor tratar de averiguar cómo es en persona y ante el público.

El acercamiento

Si no tiene su dirección privada, haga contacto con el autor o ilustrador a través del departamento de relaciones públicas de su editorial. Siempre incluya un sobre con estampilla y su propia dirección y proporcione la siguiente información:

- Su nombre y el de su escuela, dirección y número telefónico.
- Una breve exposición de las razones de la invitación y qué espera que haga el invitado.
- El tipo de actividad que tiene en mente y si habrá otros invitados.

- La edad y número de niños participantes.
- Si los libros del invitado estarán a la venta o no.
- Una relación de fechas que a usted le convengan, con la esperanza de que alguna se ajuste a la agenda del invitado.
- Los honorarios y viáticos que puede ofrecer.
- El alojamiento que le puede ofrecer, en caso de que el visitante necesite pasar la noche allí. (No a todos, dicho sea de paso, les gusta alojarse en casa de una familia, por mucho que la familia lo desee. Pero si usted no puede pagar un hotel, dígalo.)

En la correspondencia posterior, si no lo hace en esta primera carta, usted debe determinar:

- El número y la duración de las sesiones.
- De qué tipo de sesión se trata: dar una charla a un grupo pequeño o grande, realizar un taller, reunirse con maestros y padres de la escuela, etcétera.
- Cualquier requerimiento especial del invitado.
- Si habrá una sesión de firma de libros.
- Qué equipo podría necesitarse: ayuda audiovisual, pizarrones, mesas, tableros grandes para dibujar, etcétera.
- Si serán necesarios algunos colaboradores.
- De qué libros hablará particularmente el invitado (de modo que pueda conseguir ejemplares con anticipación y preparar a los niños si fuera necesario).
- Cómo llega el invitado a la cita: indicaciones claramente escritas para llegar en automóvil, arreglos para recibirlo si viene en transporte público.

Mientras más eficiente y serio sea, más probable es que reciba una respuesta favorable y que evite cualquier calamidad ese día.

Y no hace falta decir que la invitación debe organizarse al menos con tres meses de anticipación. De hecho, las celebridades más exitosas suelen programarse hasta con un año de anticipación.

El día

- Asegúrese de que haya un responsable de recibir a los invitados cuando lleguen, de atender sus necesidades y de hacerlos sentirse cómodos en términos generales.
- Asegúrese de que cualquier equipo mecánico que se vaya a utilizar funcione correctamente, de que se pueda remplazar fácilmente si falla y de que sea manejado por alguien competente.
- Si habrá presentaciones formales y palabras de agradecimiento, verifique que lo que se diga sobre el invitado sea cierto y breve.
- Asegúrese de que todos en la escuela conozcan cualquier cambio en la rutina acostumbrada y vea que las sesiones del invitado no sean interrumpidas.
- Responda a las necesidades del invitado. A veces, con la excitación, los organizadores olvidan que los invitados pueden querer unos minutos de descanso entre sesiones o algún refrigerio o incluso que necesitan ir al baño. En otras ocasiones, los organizadores pueden ser tan protectores que sacan rápidamente al invitado después de cada sesión y lo esconden en una habitación vacía, cuando, de hecho, él o ella preferiría pasar un poco de tiempo conviviendo informalmente con los niños o el personal de la escuela.

La visita de un invitado célebre debe ser el clímax de una gran preparación basada en la lectura; y de ella deben derivarse aún más actividades de lectura.

Antes de la visita, los niños participan en los preparativos, leen los libros del invitado, fabrican exhibidores, escriben e ilustran sus propias historias para el invitado, dramatizan algunas escenas, deciden qué preguntas quieren hacer y hacen otras actividades similares. La visita debe ser un estímulo que proporciona un propósito real y una energía fuera de lo ordinario para un trabajo excepcional.

Una vez que termina, se debe analizar la visita: recapitular los mejores momentos y aprender de los peores para la próxima vez. Se debe satisfacer la demanda de los libros del autor. Se puede hacer un álbum sobre la ocasión. Se pueden mostrar fotografías o videos de lo sucedido. Las actividades que se hayan preparado para el invitado (dramatizaciones, por ejemplo) se pueden repetir para otros grupos o para los padres e, incluso, pueden desarrollarse más. Cualquier cosa que se haya aprendido sobre la escritura o la ilustración o la narración de cuentos o la edición, cualquier conocimiento que haya traído el invitado, debe explotarse poniendo a los niños a realizar ese tipo de trabajos.

Y no olvide:

- Enviar una carta de agradecimiento al invitado y a cualquier persona de fuera que haya colaborado (algo más en lo que los niños pueden ayudar).
- Asegurarse de que los honorarios y viáticos se paguen con prontitud, en caso de que no hayan podido pagarse el día de la visita.
- Hacer un informe de la visita para aquellos que pueden

volver a ayudar a la escuela (funcionarios, bibliotecarios, patrocinadores, asociaciones de padres y maestros, el periódico local).

Según mi experiencia y la de otros muchos maestros que me entregaron sus reportes durante los cursos que impartí en sus lugares de trabajo, sé que hay dos conclusiones sobre las visitas de invitados célebres que son comunes a todos: que son agotadoras para los organizadores (y con frecuencia para los demás también, incluido el invitado) y que son inmensamente valiosas y tienen efectos de larga duración en las vidas de los niños como lectores.

Es igualmente cierto, no obstante, que estos buenos resultados dependen en gran medida de una planificación cuidadosa, de la atención en los detalles y de que los organizadores se esfuercen al máximo durante la visita.

~

13. Amigos y pares

Varios años atrás, después de gastar una gran cantidad de dinero en investigación, la American Booksellers Association [Asociación de Libreros Estadunidenses] anunció el hecho, no muy sorprendente, de que la razón más frecuente para elegir un libro era, por mucho, que habíamos oído de él a través de nuestros amigos.

Aunque esta información puede no ser de mucha ayuda para los libreros, es de una utilidad considerable para los adultos facilitadores que trabajan con niños. Esto nos dice que el tiempo que se ocupa en estimular la conversación entre los niños sobre los libros que han leído se ve recompensado porque los ayuda a leer más. Y que si podemos influir en las lecturas de los líderes y formadores de opinión en un grupo de niños, ellos transmitirán su entusiasmo a los otros.

Buena parte de este trabajo se hace, desde luego, de manera informal, cuando hablamos individualmente con los niños fuera de clase y cuando les enseñamos uno a uno. Mencionamos un libro y prestamos un ejemplar "especialmente para ti". Descubrimos que un niño está leyendo algo que nos gustaría que otros conocieran y le sugerimos que le hable a tal o cual amigo sobre él.

Ésta es una enseñanza que se da de improviso y su éxito depende de conocer muy bien a los niños y conocer los libros casi tan bien, de modo que podamos sugerir en el momento preciso el libro adecuado al niño correcto.

También hay técnicas de enseñanza más formales para ayudar a los niños a compartir sus lecturas y ampliar su radio de influencia mutua. Aquí se presentan algunas.

Sesiones de "¿Has leído esto?"

Estos son momentos para que los niños platiquen entre ellos de los libros que han leído y que les han gustado tanto que quisieran que otras personas también los lean.

A veces, desde luego, esto ocurre espontáneamente. Por ejemplo, Sarah le menciona a su maestra que acaba de terminar un maravilloso libro; la maestra le pide, en ese momento, que le hable de él al resto del grupo.

Sin embargo, esperar a que se presente la oportunidad no es suficiente, ni le da al niño que hará la reseña la posibilidad de prepararse. Es necesario asignar un tiempo dentro de las actividades de la semana para que tres o cuatro alumnos puedan presentar cada uno un libro. Hay que asegurarse de que los niños piensen de antemano en lo que dirán, que tengan un ejemplar para mostrarlo y que busquen algunos detalles que puedan ayudar a hacer su presentación más interesante: información sobre el autor, por ejemplo, o sobre otros libros similares o una ilustración del lugar donde se desarrolla la historia.

Al terminar, se debe animar al resto del grupo a formular preguntas y hacer sus propios comentarios, con la maestra actuando como moderadora, cuidando que todos tengan la oportunidad de hablar y prestando su ayuda cuando sea necesario. Tal vez al final la maestra pueda sintetizar las ideas principales que se dijeron y terminar mencionando los títulos y autores nuevamente mientras muestra los libros para grabarlos en la memoria de los niños. Si es posible, deberá haber ejemplares disponibles de los libros recomendados para que los puedan leer.

Es fácil ver cómo este plan básico puede tener variaciones y crecer. Los grupos grandes se pueden dividir en más pequeños, cada uno sosteniendo una sesión propia de "¿Has leído esto?", y reportándola al final a todo el grupo. Los libros elegidos quedan en exhibición por uno o dos días. Un grupo puede hacer el ejercicio para otro o los alumnos más grandes para los más pequeños. He encontrado escuelas que se han puesto de acuerdo con otra para intercambiar cintas de audio o de video de sesiones de conversaciones sobre libros preparadas especialmente para sus contrapartes. Otras han compartido sus lecturas en las reuniones de las asociaciones de padres y maestros y en las asambleas matutinas.

Algunos maestros extienden la idea a versiones escritas. Tienen un largo archivo de tarjetas o una carpeta de "¿Has leído esto?" formada con hojas sueltas. Y animan a los alumnos a escribir sobre un libro que han disfrutado mucho, de modo que otros que están buscando qué leer puedan compartirlo. La recomendación puede ser tan breve como un simple comentario o asumir una forma de una reseña mucho más larga y cuidadosamente considerada. (Una entrada memorable decía simplemente: "Éste es un libro que Carole debería leer".)

Como me dijo una vez un niño de secundaria: "Cuando alguien de tu misma edad te recomienda un libro, tiendes más a buscar ése que los que te recomienda el maestro". No estoy seguro de que esto sea una verdad generalizada. Hay lectores jóvenes que dirían exactamente lo contrario. Pero para quienes esto es verdad, las sesiones de "¿Has leído esto?" son el mejor método por el cual un maestro puede poner a trabajar las influencias de un grupo de pares.

MURALES CON GRAFFITI DE LIBROS

Esta idea surgió en una escuela secundaria y, desde entonces, la he visto usada con mucho éxito tanto en escuelas primarias como preescolares. Deriva del gusto de la gente por garabatear mensajes en las paredes.

Todo lo que se necesita es un periódico mural en un aula o en el corredor. La regla es simple: se puede poner todo mientras la intención sea recomendar un libro. Esto significa que el título y el autor deben ser claramente legibles.

¿Qué tipo de objetos se pueden poner? Yo he visto:

- portadas de libros hechas por los lectores
- comentarios copiados de las cubiertas del libro y decorados
- largas reseñas escritas por los lectores
- versos sobre el libro
- emblemas apropiados (una gran araña negra sobre la que estaba escrito: *La telaraña de Carlota*, de E. B. White)
- numerosas cartas paródicas sugeridas por *El cartero simpático o unas cartas especiales*, de Janet y Allan Ahlberg
- fotografías (recortadas del *Radio Times*, periódicos, revistas viejas) de autores, escenarios o cualquier cosa relacionada con un libro
- publicidad de un libro en forma de tarjetas postales, carteles, calcomanías, botones
- fragmentos de un libro copiados en computadora y decorados
- ilustraciones hechas por los lectores
- e, inevitablemente, bromas de todo tipo basadas en los libros.

Una vez que los niños entienden la idea, su entusiasmo es tal que el periódico rápidamente se llena. El problema es dejar las cosas el tiempo suficiente para que surtan efecto. Una escuela de nivel preescolar resolvió esto con un álbum de graffiti; en cuanto el periódico se llenaba, los niños elegían los objetos más eficaces y los pegaban en un gran álbum. El álbum se guardaba en la biblioteca de modo que cualquiera pudiera verlo en cualquier momento.

Revistas

Pueden ser efímeras, como los periódicos murales, o más permanentes como la revista de la escuela; pueden ser audiovisuales (programas sobre libros grabados en video, por ejemplo). Sea cual sea la forma, como los murales de graffiti, su objetivo es incluir notas relacionadas con libros que puedan atraer lectores hacia los libros mencionados; cualquier cosa, desde reseñas hasta bromas.

Paneles de selección

Se debe aprovechar cada oportunidad que se presente para involucrar a los niños en la selección de libros para el aula y para la biblioteca de la escuela, para la venta en la librería y para muestras y exhibiciones.

Tomar decisiones acerca de la selección requiere discusión, compartir opiniones, pensar en las cualidades y debilidades de diferentes tipos de libros y, desde luego, mucha lectura. Si los miembros del panel representan a los grupos, deben recabar los puntos de vista de sus pares y esto implica más conversación crítica. Todo este trabajo tiene un propósito real (los libros serán realmente comprados y leídos por otros que esperan que la elección esté justificada), lo que le da una importancia que no tienen los ejercicios en el aula.

Todo tipo de preguntas útiles deberán responderse: ¿Cómo juzgas un libro? ¿Qué buscas cuando eliges un libro para otra persona además de para ti? ¿Qué es un "buen" libro? ¿Qué tipo de palabras te ayudan a aclarar tus pensamientos? ¿Existen diferentes modos de leer? ¿Cuáles son? Las preguntas pueden no estar formuladas con esas palabras, pero subyacen en buena parte de la conversación, y el trabajo del maestro es, a veces, llevarlas a la superficie de manera que los niños las puedan entender.

EXHIBICIONES

Vale la pena mencionar nuevamente aquí la realización de exhibidores para recordarnos el valor que tiene tanto como estímulo para las personas que las organizan, como en su influencia sobre los otros en sus elecciones de lectura. (Véase el capítulo 4, "Exhibición".)

CLUBES DE LECTURA

Como todos los fanáticos y conocedores en cualquier campo, a los lectores especialmente entusiastas a veces les gusta reunirse. Es importante que los lectores ávidos se sientan apoyados y tengan la oportunidad de hacer con los libros más de lo que les permite el tiempo en la escuela. Obviamente, lo que se pueda hacer depende en gran medida de la edad y las circunstancias de los niños. Pero hablando en general, los clubes de lectura ofrecen la oportunidad para contar cuentos y leer en voz alta, recibir a invitados interesantes que den charlas sobre libros del tipo que podría no ajustarse al salón de clases, mostrar películas y videos relacionados con libros, discutir sobre cómo mejorar el ambiente de la lectura en la escuela para luego poner las ideas en acción, etcétera.

Los clubes de lectura deben ayudar a los lectores entusiastas a disfrutar aún más de los libros, pero también deben ser una base para que un grupo de lectores entusiastas pueda influir en toda la comunidad.

ALUMNOS ORGANIZADORES

Cuando las personas, no importa cuál sea su edad, se involucran en la organización de una actividad que consideran importante, tienden a volverse aún más entusiastas y a influir en las actitudes de los otros hacia esa actividad.

Desde el preescolar hasta el bachillerato, hay oportunidades para todas las edades y habilidades de ayudar en la organización y preparación de los libros —cualquier cosa, desde niños preescolares que ayudan a acomodar sus libros del rincón al final de la mañana, hasta estudiantes de bachillerato que organizan su propia librería—. Colaborar en la biblioteca del aula o de la escuela, fabricar exhibidores, ordenar y comprar libros, hacer publicidad para la librería, llevar una revista literaria, estar a cargo del mural de graffiti...

Mi experiencia, y también la de otros maestros, es que una vez que los jóvenes están trabajando juntos como lectores, el problema no es encontrar la forma de mantener la influencia de sus pares, sino tiempo y recursos para satisfacer sus demandas de más y más libros y más y más tiempo para leer, debido al entusiasmo que generan entre sí. Del mismo modo, soy uno de los muchos que han observado con profunda satisfacción el efecto que tiene en la vida de la lectura dentro la escuela el desarrollo de estas actividades en los grupos de pares.

Esta forma de trabajar es un muy buen ejemplo del tipo de enseñanza que no se hace directamente, sino que pone al maestro en el rol de catalizador, alguien que provoca que sucedan las cosas, el capacitador que trabaja a través de otros: un facilitador, un suministrador de recursos, un guía, un administrador, una figura de fondo. Al final, lo que hacen por sí mismos quienes están aprendiendo, guiados por un maestro capacitado, es más efectivo que cualquier cosa que el maestro haga por estudiantes que no se comprometen a ayudarse entre sí.

～

14. Ayudar a elegir

Seleccionar qué libros comprar para las colecciones de los niños, organizar exhibiciones, contar cuentos y leer en voz alta, animar a los niños a conversar sobre los libros que han leído, invitar a autores e ilustradores a reunirse con lectores jóvenes; éstas son las formas importantes en las que los adultos pueden ayudar a los niños a elegir libros para leer, y es la razón por la que les he dedicado capítulos enteros.

Pero hay otras que vale la pena mencionar.

La conversación casual

Se puede hacer mucho, tanto dentro como fuera clase, de forma informal, para ayudar a cada niño a elegir un libro. Éstos son momentos en los que se puede encontrar la opción más adecuada para el alumno y en los que alumno y maestro pueden compartir más desinhibidamente su lectura: opiniones y prejuicios, gustos y placeres. Escuchamos mejor los puntos de vista de otras personas cuando sabemos que respetan los nuestros. Cuando un adulto muestra un interés genuino por la elección que un niño hace de sus libros, es más probable que éste acepte las sugerencias del adulto sobre qué leer después.

Esta plática informal y amistosa sobre los libros es fundamental para que tengamos éxito en el tratamiento más formal con grupos de lectores.

"¿Qué tal esto?"

(Una versión de "¿Has leído esto?", página 106.) Una vez a la semana dedique una sesión de cinco, diez o veinte minutos a hablar sobre algunos libros que le gustaría que los niños leyeran. Cuente un poco de la trama, lea un párrafo que pueda abrirles el apetito, explique lo que le gusta y algunas de las cualidades que considera atractivas de cada libro. Dé cualquier información llamativa sobre el autor o la escritura del libro o cualquier otro detalle que ayude a aumentar el interés. Tenga cuidado de no decir demasiado y, como regla general, hable de tres libros como máximo.

Esta idea se puede adaptar a la forma escrita. Se puede usar un pizarrón, una carpeta de grandes hojas sueltas o el cajón de un fichero para poner a disposición de los niños cualquier tipo de material que los pueda ayudar a elegir un libro; cosas como el perfil del autor tomado de revistas como *Books for Keeps* en Gran Bretaña y *Magpies* en Australia, o material de promoción de las editoriales, cualquier cosa que crea que puede atraer el interés de los lectores jóvenes.

Listas de libros

Las listas no deben ser aburridas columnas de títulos y autores; piense en volantes o folletos diseñados con más inventiva, que incluyan ilustraciones, breves descripciones de libros, imágenes de las portadas recortadas de los catálogos de las editoriales, y que se puedan exhibir o acomodar en carpetas grandes.

Las versiones en miniatura de estas listas pueden ser su contribución a los periódicos murales, las revistas y otros materiales similares producidos por los niños.

MEZCLAR Y UNIR

Reúna varias versiones del mismo libro: empastado, rústico, en otros idiomas, con letras grandes y en Braille, lecturas grabadas o dramatizaciones en video, para que todos las vean y comparen las portadas, la publicidad de las contraportadas, las ilustraciones, el efecto de los diferentes diseños tipográficos, cómo se oye el texto en contraposición a cuando se lee para sí, la versión dramatizada contra la escrita, etcétera. Incluso cuando los lectores declaran que no les gusta una historia, explorarla de esta manera con frecuencia los ayuda a superar su impresión inicial y también incrementa su interés en los libros en general y en qué significa leer, cómo lo hacemos y qué nos hace.

De la misma manera, arme miniexhibiciones de todos (o la mayoría de) los libros de un autor que quiere que los niños conozcan, como, por ejemplo, todos los libros de ilustraciones de Shirley Hughes o todas las novelas de Jan Mark o todos los libros de poesía compilados por Anne Harvey, junto con objetos y material relacionado, y hable de ellos.

O tome tres o cuatro libros que retomen la misma historia, como diferentes versiones de cuentos populares y de hadas o diferentes ediciones de un mismo libro, como *Los cuentos de así fue*, de Rudyard Kipling, cada una con ilustraciones diferentes, y deje que los niños las comparen y elijan las que más les gusten.

CREAR EXPECTATIVAS

Toda esta actividad crea expectativas del placer que deparará la lectura. Necesitamos estar seguros de que estas expectativas pueden ser satisfechas.

Una vez oí a un maestro decirle a un grupo cuánto les gustaría *The Children of Green Knowe*, de Lucy Boston, porque era una excelente historia de fantasmas. En la mente de los niños, las historias de fantasmas por lo general significan cadenas chacoloteando, espectros terroríficos y la sensación de que se te eriza la piel. No hay nada de eso en el libro de Lucy Boston; y si aparecen fantasmas en *The Children of Green Knowe* son de tipo sumamente hipotético. Era predecible que la mayoría de los niños en el grupo de ese maestro se decepcionarían y el libro cargaría con la culpa por no ser lo que nunca pretendió ser.

¡Es mejor subvalorar que sobrevalorar! Exprese dudas, sea tentativo más que afirmativo, alerte sobre los pasajes "aburridos" o los inicios lentos o las palabras difíciles aquí y allá. No obstante, todo el tiempo deje traslucir su entusiasmo.

Deje claro que usted espera de ellos, como lectores, más de lo que los propios niños piensan que pueden lograr. Ayúdelos a obtener placer de la "dificultad": el libro que está en el límite de lo que pueden alcanzar, el tipo de relato o poesía que todavía no alcanzan a apreciar, el escritor del que nunca antes han oído hablar. Después de todo, ¿para qué están los maestros, si no para guiarnos a donde no podemos llegar solos?

15. La respuesta

Leer es un acto provocativo; hace que sucedan cosas.

Uno de sus resultados más importantes es querer volver a leer: releer el libro que acabamos de terminar o leer otro. Ésta, desde luego, es la "respuesta" que más esperan los maestros de lectura. Ellos quieren ver a sus alumnos comenzar otra vez la vuelta al círculo de lectura, porque saben que para convertirse en un lector de literatura hay que leer continuamente.

Los lectores mismos con frecuencia necesitan tiempo para digerir un libro que acaban de terminar. Quieren saborear el placer, explorar su comprensión de lo que les dijo el texto, compartir su gozo y su comprensión con otros; por lo general, como hemos visto, con sus amigos (de quienes esperan que también lean el libro).

Leer es una actividad social. Y cuando compartimos nuestra lectura conversando sobre ella en una especie de plática profundamente importante, su carácter social alcanza su máxima expresión. Por ello se debe estimular a los niños a hacerlo; lo que significa darles tiempo para que platiquen juntos, informalmente, sin las imposiciones del maestro. Y esto significa que nosotros también platiquemos con ellos, de modo que escuchen cómo hablamos, el lenguaje que usamos, los temas que abordamos, la manera en que escuchamos a los otros; y sean testigos de nuestro entusiasmo por la letra impresa.

Pero si vamos a ayudar a los niños a convertirse en lectores reflexivos, la plática informal no es suficiente. Debemos ayudarlos a desarrollar su facilidad innata para interrogar, informar, comparar, discriminar. La enseñanza de este tipo es una habilidad de especialista. Es necesario estudiarla y reflexionar sobre ella, haberse convertido uno mismo en un experto en el tipo de conversación receptiva que es más estructurada, más conscientemente organizada y más profunda que la plática diaria.

Este libro está dedicado a la empresa práctica de configurar un ambiente de lectura en donde pueda prosperar una conversación receptiva: lo que yo llamo la conversación literaria. La habilidad de enseñar este tipo de conversación se analiza en *Dime*.[1] Aquí sólo es necesario adelantar que nuestra conversación sobre los libros, más que ninguna otra cosa, nos engrandece y nos profundiza como lectores.

Existen otras formas de respuesta útiles que los niños disfrutan. Aquí hay una breve lista de algunas.

"Para el autor"

Los niños hacen un "libro sobre el libro" y se lo envían al autor como su participación en el "discurso literario". Éste puede contener sus ideas sobre lo que les gustó o no les gustó o encontraron desconcertante. Con frecuencia se incluyen ilustraciones derivadas de la lectura, como también algunos relatos, poemas u otro tipo de escritos de los propios niños. Cuando cabe, las bromas y tiras cómicas son populares, por supuesto; y a veces fotografías. Todo se puede incluir mientras los niños sientan que es la mejor manera de expresar lo que le quieren decir al autor.

---

[1] Aidan Chambers, *Dime,* FCE, México, 2007. (Col. Espacios para la Lectura.)

Pinturas, ilustraciones y maquetas

A muchos niños les es más fácil, más placentero y, ciertamente, los inhibe menos, responder a través de una ilustración o una maqueta, que escribiendo. Recuerdo, por ejemplo, un grupo de niños que realizó una secuencia de imágenes, una para cada una de las calamidades que suceden en *The Eighteenth Emergency*, de Betsy Byars. Y he perdido la cuenta del número de veces que he visto enormes construcciones de cajas de cartón cubiertas con papel aluminio en los vestíbulos de escuelas primarias, representando al héroe epónimo del siempre popular libro *El hombre de hierro*, de Ted Hughes.

A algunos niños, sobre todo a los de siete años, más o menos, les es más fácil hablar cuando están usando sus manos y haciendo cosas. Los detalles que encontramos en sus pinturas o maquetas nos llevan muy naturalmente a preguntas sobre las ideas que hay detrás. Esto, a su vez, los lleva a hablar sobre su lectura y su entendimiento de los detalles que encontraron en el libro.

Antologías

La poesía es tal vez la forma de escritura sobre la que es más difícil conversar. La respuesta más natural es pedir que se lean los poemas en voz alta otra vez, o copiar los favoritos para tener una antología personal. Algunos de los acercamientos a la poesía más exitosos y agradables para los niños que he conocido los lograron maestros que animaban a sus niños a llevar antologías personales y de grupo. Todos los días se leían en voz alta algunos poemas para empezar o terminar la jornada o en los respiros entre las distintas tareas. Los que más gustaban se copiaban en antologías escritas a mano, mecanografiadas, por computadora o se cortaban y pegaban cuando esto se podía; a veces se decoraban o ilustraban.

ESCENIFICACIONES

Parece instintivo en los niños más pequeños responder a las historias y poemas convirtiéndolos en obras teatrales, actuando escenas o inventando nuevas, para así apropiarse de la historia. A los niños más grandes les encanta formalizar esto realizando representaciones dramatizadas, ya sean improvisadas o con un guión. Con frecuencia se hacen adaptaciones para títeres, "radio" y video, el trajín completo de un montaje teatral, lecturas dramatizadas en las que el texto ha sido reescrito para ajustarse a un narrador y las voces de los personajes. Como autor, a veces he sido agasajado por niños que han adaptado mis libros. Como maestro, sé cuánto tiempo y trabajo se requiere (mucho más que dibujar y hacer maquetas, por ejemplo). Pero siempre me ha conmovido, y me ha divertido, el placer que este tipo de respuesta les da a los niños y todo lo que pueden aprender así sobre el texto original, sobre sí mismos y sobre sus compañeros.

LA PRODUCCIÓN DE LIBROS

Convertirse en escritor y productor de un libro es una de las mejores vías para explorar la escritura de otras personas. Hoy en día se estimula ampliamente a los niños a que descubran cómo se hace un libro en tanto objeto material, qué dicen los escritores profesionales sobre la escritura y también a tratar de convertirse ellos mismos en escritores y hacedores de libros. Y hacer un libro completa satisfactoriamente el círculo que comenzó con la selección de algo para leer. Hay una intrincada relación entre escribir y leer, como proceso y como caminos para entrar y salir del texto. Ambos son actos creativos y ambos son interpretativos. Lo que descubres al escribir no es lo mismo que lo que descubres al leer. Al convertirte en ambos, escritor y lector, puedes poseerlo todo.

~

16. El adulto facilitador

Los capítulos previos describen cómo los adultos pueden capacitar a los niños para que se conviertan en lectores. Este capítulo es sobre cómo los facilitadores se pueden ayudar a sí mismos.

A los lectores los hacen los lectores. Éste es el principal factor que hay que tener en cuenta. Gran parte depende, por tanto, de cuánto leemos y qué leemos. Inevitable e inconscientemente, trataremos de convertir a otras personas en el tipo de lector que nosotros somos. Trataremos de interesarlos en el tipo de libros que más nos gustan. Los conduciremos a que piensen y hablen de lo que han leído de la misma manera que nosotros pensamos y hablamos. Y sin decir nada en absoluto, nuestro comportamiento comunicará el lugar y la importancia que la lectura tiene en nuestra vida privada. Por lo tanto:

Conózcase a sí mismo como lector. Cuéntese su historia de lecturas, escríbala si eso le ayuda y piense qué implicaciones tiene en relación con quienes están aprendiendo a leer.

Yo sé, por ejemplo, que nací en una casa en donde había muy poca lectura de cualquier tipo, pero se contaban muchas historias: los chismes locales se convertían en episodios dramáticos o graciosos que contaba mi padre, mi abuelo contaba cuentos populares del lugar, mi madre nos contaba las fábulas de Esopo. Sé que no aprendí a "leer" hasta los ocho años

—recuerdo el momento en que sucedió— pero tuve un maestro en preescolar que nos leía en voz alta todos los días. Y reflexionando en retrospectiva, sé que el escuchar tantas historias en casa y tantos libros leídos en voz alta en la escuela antes de que pudiera leer por mí mismo me hizo el tipo de lector que soy ahora: uno que escucha cada palabra en su cabeza mientras lee, como si alguien estuviera contando la historia. Lo que significa que, más que cualquier otra cosa, disfruto del drama de la narrativa: los personajes hablando en sus propias voces, el narrador contando lo que sucede, el ritmo y el color del texto. También sé que sólo porque un amigo insistió en que fuera a la biblioteca local con él, descubrí, más bien tarde (a los doce años), que había miles de libros para jóvenes lectores y que podía tener los que quisiera. Fue sólo porque un par de maestros de la secundaria hablaban de los libros como algo importante, que aprendí que leer literatura era más que un pasatiempo. Y fue un libro que encontré sin ayuda cuando tenía quince años, *Hijos y amantes*, de D. H. Lawrence, el que finalmente me mostró cómo la literatura me incluía, que yo me podía encontrar allí: la vida que conocía y una vida que podía esperar vivir.

De igual manera, es llevando un registro de mis lecturas que descubro mis prejuicios. No me interesa mucho la ficción histórica, por ejemplo; y me dan un placer particular las técnicas formales de la narrativa, al punto de que, con frecuencia, estoy más interesado en cómo está contada la historia que en su contenido. Debido a que sé esto, sé que necesito la ayuda de lectores que disfrutan la ficción histórica cuando estoy seleccionando libros para la biblioteca de un salón o una escuela, de modo que mi prejuicio no sesgue la selección, y necesito escuchar cuidadosamente lo que dicen otras personas sobre el contenido de una historia si quiero disfrutar de una comprensión más completa de la que podría alcanzar por mí mismo. También sé que nunca es demasiado tarde para convertirse en un lector serio, pero que esto es difícil si no existe el antecedente regular de haber escuchado lecturas o no se tienen muchos libros a la mano esperando a que uno esté listo para ellos.

Más que nada, sé que sin la guía de adultos facilitadores que sean lectores reflexivos, es casi imposible convertirse en un lector reflexivo de literatura.

Proteja su tiempo para leer. Para mantenernos frescos y actualizados, como facilitadores de otros, debemos crecer continuamente: arriesgándonos a leer a autores que no hemos leído antes, libros de un tipo que no nos es familiar o que nos han sido difíciles. Aunque, irónicamente, ser maestro o bibliotecario o padre —y más aún, un profesional de tiempo completo y también un padre— deja poco tiempo para sentarse en silencio y leer con una concentración profunda por el tiempo suficiente o con la suficiente regularidad como para estar al día con toda la lectura que nos gustaría hacer.

No pretendo tener la respuesta; al menos no mientras nuestro sistema educativo siga como está. Pero conozco algunas posibilidades que han ayudado a otras personas. Sin embargo, antes de mencionarlas quiero hacer algunas aclaraciones.

Los maestros son el grupo profesional que tiene a su cargo a toda la población de niños, y son los responsables, profesionalmente, de ayudar a los niños a volverse lectores. Si entraron a su profesión con una base sólida y un conocimiento amplio de la literatura publicada para niños y con un entendimiento entrenado en cómo acercar esa literatura a los niños, no sólo su enseñanza de la "lectura" será mucho más efectiva, sino que tendrán el conocimiento de los libros dentro de ellos para apoyarse y tener una base sobre la cual construir durante los primeros años de sus carreras.

El mensaje para cualquier estudiante antes de trabajar debe ser: lean tanto como puedan ahora, porque nunca más tendrán una oportunidad tan buena otra vez.

Además, cada niño sólo tiene una oportunidad de ser niño, sólo una de tener cinco, seis, siete años. El primer grupo con el que se encuentre nunca más volverá a ser lo que puede ser ahora. Ellos no pueden esperar a que usted descubra los libros sobre los que debería hablarles y los que debe mostrarles. Usted necesita ese conocimiento básico desde el primer día que esté con ellos. Si la institución que lo está capacitando no lo ayuda, pregunte por qué. Y mientras tanto, continúe ejercitando su responsabilidad profesional lo mejor que pueda, por su cuenta y junto a otros estudiantes que entiendan lo importante que es. Busque ayuda de maestros y bibliotecarios que sepan de qué está hablando. Algunas de las sugerencias que siguen también pueden ser de ayuda.

Manténgase en contacto. Como siempre, todo empieza con la selección. Cuando tenemos poco tiempo para leer, es más importante que nunca que hagamos elecciones informadas. ¿Cuál es la mejor manera de hacerlo?

- Asegúrese de tener un acceso regular a las reseñas de fuentes especializadas. Las reseñas de libros para niños que aparecen en los periódicos son demasiado erróneas y *ad hoc,* como para servir de algo. Necesitamos la ayuda de publicaciones bien editadas que cubran libros seleccionados entre el amplio rango de los publicados. En Gran Bretaña, esto significa consultar regularmente revistas como *School Librarian* y *Books for Keeps.*[1]

---

[1] En Hispanoamérica existen fundaciones que publican, particularmente en internet, listas de los libros para niños más destacados que se han editado en español como IBBY México, El Banco del Libro de Venezuela o la Fundación Germán Sánchez Ruipérez. [N. E.]

En algunos casos, los maestros y los bibliotecarios locales publican sus propias revistas de reseñas. Usted puede informarse al respecto —así como de otras fuentes de reseñas literarias— en asociaciones de maestros, el servicio de asesoría para maestros o un servicio de bibliotecas escolares, que con frecuencia también realiza reseñas. Vale la pena que una escuela se suscriba a las publicaciones de este tipo que el personal considere más útiles para sus necesidades.

- Conozca los libros más recientes. Las reseñas son útiles pero no son suficiente, por sí mismas, para hacer un juicio apropiadamente informado. La mejor manera de hacerlo es leer las reseñas, enlistar los libros que piensa que quiere considerar y luego visitar, digamos un par de veces al año o una vez por ciclo escolar, un lugar donde pueda ver la totalidad de los libros recientemente publicados.

Hay dos lugares en donde puede hacer esto: en una buena librería, si tiene la suerte de vivir cerca de una; o más probablemente, en las oficinas locales del servicio de bibliotecas escolares, donde, por lo general, tienen las publicaciones del último o de los dos últimos años, así como también todas las reseñas.

Cualquier escuela que tome en serio la lectura se debe asegurar de que uno o, de preferencia, más miembros de su personal dediquen al menos medio día dos veces al año a visitar estas colecciones y regresen con información y sugerencias. Esto debe contar, al menos, como capacitación para el trabajo y como un tiempo muy bien usado.

Desde luego, visitas más frecuentes a una buena biblioteca pública para niños son útiles, aunque inevitablemente estará limitado a lo que quede sin prestarse en los anaqueles.

Ayúdense mutuamente. No importa lo dedicados que seamos, la mayoría de nosotros necesita el apoyo de otras personas que piensen como nosotros para mantener el entusiasmo y, otra cosa muy importante, continuar desarrollándonos como lectores. Más allá del apoyo informal que obtenemos de los amigos y colegas en nuestros contactos cotidianos, existen tres foros principales en donde se puede buscar:

- *Juntas de maestros.* Debe haber al menos una reunión del personal en cada ciclo escolar, en la que se discuta la vida de la lectura en la escuela, se revisen nuevos libros y donde el principal objetivo sea simplemente compartir el entusiasmo por la lectura. Tal vez pueda discutirse a fondo un libro que todos hayan leído a tiempo para la reunión con el fin de responder en nuestro propio nivel de la misma manera en la que ayudamos a los niños a responder en el suyo.
- *Grupos de lectura.* Incorpórese o ayude a organizar un grupo de, digamos, seis u ocho personas que estén interesadas en la lectura de los niños y estén dispuestos a reunirse quizá una vez cada tres meses para compartir sus propias lecturas, tanto de libros para niños como de libros que hayan leído para sí mismos. Es bueno que entre los miembros haya padres entusiastas, así como maestros y bibliotecarios locales. La combinación aporta diferentes perspectivas a la conversación literaria.
- *Cursos en el lugar de trabajo.* Uno de los aspectos más útiles de los cursos sobre los niños y la lectura que se imparten en el lugar de trabajo es el impulso que dan a los participantes para que dediquen más tiempo del que usualmente consideran necesario a actualizar su conocimiento de los libros. Como lo expresó una maestra: "Le dije a mi familia: 'Mala suerte, tendrán que arreglárselas solos esta tarde, yo tengo que hacer mi trabajo para el curso', y fui a mi recámara y leí para estar preparada

para la siguiente reunión, ¡y no me siento culpable en absoluto!"

(Que la gente se sienta culpable cuando lee literatura, ya sea por placer o como parte de su trabajo, es un dato en sí mismo interesante. Las mismas personas no se sienten culpables cuando califican el trabajo de sus alumnos o preparan materiales de apoyo audiovisual. ¿Por qué sienten culpa por leer y qué nos dice esto sobre las prioridades en nuestro sistema educativo y en nuestra sociedad?)

Si en su lugar de trabajo no se ofrecen cursos de este tipo, reúna el apoyo de otros maestros y demande que se realicen.

Ayúdese a sí mismo. Algunos apoyos individuales ayudan a que uno siga avanzando por sí mismo como lector.

- *¡Lleve un diario de lectura!* Discutí este tema en el capítulo 8, "Siguiendo la pista". Vale la pena mencionarlo otra vez, ahora para destacar que el acto de llevar un diario estimula a seguir leyendo. Usted se percata de algún descenso y eso es un incentivo para descubrir por qué sucedió y hacer algo al respecto.
- *Impóngase una sencilla regla* sobre cuántos libros para niños se propone leer regularmente. Defina un número asequible. (Yo soy un lector muy lento, de modo que no tiene ningún sentido establecerme una novela para niños a la semana además de los otros libros que quiero leer, porque no voy a poder mantenerla y entonces sentiré que fracasé. Cuando enseñaba tiempo completo, me di cuenta de que podía terminar una cada dos semanas. Había periodos en los que podía cubrir más, pero esa regla era una disciplina que me obligaba en momentos en los que, de otro modo, no lo hubiera hecho.)

¿Qué hacen los adultos facilitadores, en especial los maestros? Ellos proporcionan, estimulan, demuestran y responden. Proporcionan libros y tiempo para leerlos y un ambiente atractivo en el que la gente quiera leer. Estimulan un deseo de convertirse en lectores reflexivos. Demuestran por medio de la lectura en voz alta y de su propio comportamiento qué hace un "buen" lector. Y responden, y ayudan a otros a responder, a la individualidad de cada uno en la comunidad de lectores a la que pertenecen.

En el epílogo de *Realidad mental y mundos posibles*, Jerome Brune escribe:

> He tratado de demostrar que la función de la literatura como arte es exponernos a dilemas, a lo hipotético, a la serie de mundos posibles a los que puede referirse un texto. He empleado el término "subjuntivizar", para hacer al mundo más flexible, menos trivial, más susceptible a la recreación. La literatura subjuntiviza, otorga extrañeza, hace que lo evidente lo sea menos, que lo incognoscible lo sea menos también, que las cuestiones de valor estén más expuestas a la razón y la intuición. La literatura, en este sentido, es un instrumento de la libertad, la luminosidad, la imaginación y, sí, la razón. Es nuestra única esperanza contra la larga noche gris.[2]

Tengo la esperanza de que, creando un ambiente de lectura del tipo que he descrito, podamos ayudar a los niños a descubrir en la literatura ese espíritu de libertad e imaginación.

~

[2] Jerome Bruner, *Realidad mental y mundos posibles*, Gedisa, Barcelona, 2001.

Índice analítico

El ambiente de la lectura, de Aidan Chambers, se terminó de imprimir y encuadernar en el mes de diciembre de 2007 en Impresora y Encuadernadora Progreso, S. A. de C. V. (IEPSA), Calz. San Lorenzo, 244; 09830, México, D. F. En su composición, elaborada por *Angelina Peña Urquieta* en el Departamento de Integración Digital del FCE, se usaron tipos Minion Pro de 12:14, 10:14 y 8:9 puntos. La edición, al cuidado de *Julio Gallardo Sánchez*, consta de 3 000 ejemplares.